KB270978

성품

신교횃불

성품

지은이 | 김상복
초판 발행 | 2014년 1월 5일

등록번호 | 제3-203호
등록된 곳 | 서울특별시 송파구 삼전동 103번지
발행처 | 도서출판 선교햇불
영업부 | 2203-2739
출판부 | 2203-2765

책 값은 뒤 표지에 있습니다.
ISBN 978-89-5546-248-7 03230

편집부에서 독자의 의견을 기다립니다.
ccm2you@gmail.com   http://www.ccm2u.com

성품

너희 중에

으뜸이 되고자 하는

[illegible] 중에 누구든지 으뜸이 되는가
[illegible]

누구든지

CONTENTS

사람의 인품, 품성, 인격은 축척이 안 됩니다. 부모가 좋은 인격을 계발했다고 그 아들이 저절로 좋은 인격이 유전되거나 축적되지 않습니다. 좋은 부모 밑에서 좋은 환경과 좋은 교육을 통해 좋은 자녀들이 나오는 경우가 많기는 하지만, 부모의 인격과 인품이 자식에게 축적되어 그런 결과가 나오는 것은 아닙니다. 인격과 인품은 모든 개개인이 스스로 노력하고 교육받고 계발해야 이루어지는 것입니다.

제1장

탁월한 인격 만들기

한국인의 문제 중 가장 큰 문제는 인격의 문제입니다. 우리 한국인은 머리도 좋고, 재능도 많고, 많은 장점들이 있습니다. 세계 어디에 내놓아도 머리와 재능으로는 뒤지지 않습니다. 그런데 한국인들이 문제가 되는 경우는 대부분 인격의 문제입니다.

한국에 복음이 전해진 이후 하나님의 축복으로, 한국 교회도 많은 성장을 했습니다. 그런데도 아직도 한국 교회가 교회 안팎으로부터 많은 지적을 받곤 하는 것은 우리의 인격이 완전히 성숙하지 못한 까닭입니다. 한국 교회는 성장했지만 교회의 수적, 양적 성장만큼 교회의 질적, 인격적 성장이 따라가지 못한 까닭입니다. 아직까지 한국 교회에는 인격의 문제에 크고 작은 흠결들이 있고, 더 성장하고 성숙해야 할 부분들이 있습니다.

　그래서 지금부터 한국 교회의 인격 성장을 위해 하나님께서 우리를 어떻게 변화시켜 주실지를 살펴보려고 합니다. 우리의 인격이 가진 많은 흠들을 어떻게 하나님 앞에 가지고 나아가서 하나님께 변화를 구해야 할지에 대해 '탁월한 인격 만들기'라는 제목으로 앞으로 독자 여러분들과 함께 살펴보려고 합니다.

대한민국을 축복하신 하나님

　한국 사람들은 하나님께 감사할 일들이 많습니다. 제 나이 또래 되는 사람들은 일제시대에 태어나서 일제시대에 학교를 다녔습니다. 그래서 일제 식민지를 경험했고 또 한국전쟁도 겪었습니다. 그리고 한국전쟁 이후 그 가난했던 시절부터 산업화시대의 고도성장기도 경험했습니다. 세계 최빈국 중 하나에서 세계 10위권의 경제대국이 되기까지, 바닥에서 출발해 세계 정상으로 가는 모든 과정들을 경험했습니다.

　산업화 이후 새로 태어난 젊은이들은 좋은 것들만 경험했지만, 우리 세대는 아주 어려운 데부터 시작해 오늘날에 이르기까지의 과정들을 경험한 사람들입니다. 그래서 우리 세대는 생각할수록 하나님께 더 감사드릴 것들이 많습니다.

　해방 이후 60여 년의 세월 동안 우리나라는 엄청나게 발전했습니다. 한반도의 역사 가운데서 오늘날 우리나라와 같은 시대는 과거에 있어 본 적이 없었습니다. 4300여 년의 역사 가운데 지금 여러분과 제가 앉아 있고 서 있는 이시간이 우리 역사의 최고의 순간입니다. 그래서 더욱 하나님께 감사합니다. 지금 많은 개발도상국들이 대한민국처럼 되고 싶어 대한민국을 롤 모델로 삼고 우러러 보고 있습니다. 유엔의 국제원조를 받던 나라에서 원조를 하는 나라로 바뀐 최초의 사례가 되었습니다.

우리나라는 지금 경제적으로뿐만 아니라 교육, 과학, 문학, 영화, 종교, 스포츠에 이르기까지 전 세계의 주목을 받고 있습니다. 대한민국의 교육은 미국의 오바마 대통령이 수차례 공식적으로 언급할 정도로 주목받고 있습니다. 불교와 유교, 천주교와 기독교, 이슬람 등 다양한 종교들이 혼재하면서도 종교적 갈등이나 충돌이 없는 거의 유일한 나라이기도 합니다. 미국의 한 주보다 작은 나라인 대한민국에서 만든 영화가 전 세계 영화제를 석권하고, K-Pop 등 한류가 전 세계에 열풍을 불러일으키고 있습니다.

피겨스케이팅의 김연아는 명실상부 세계 최고의 피겨 여왕입니다. 김연아 때문에 전 세계가 정신이 없습니다. 한국처럼 조그만 나라에서 어떻게 피겨스케이팅에서 세계일등을 하느냐, 세계가 놀랐습니다. 김연아는 그동안 스포츠였던 피겨스케이트를 예술의 경지로 올려놓았다는 찬사를 받았습니다. 세계야구선수권(WBC)에선 미국과 쿠바를 꺾고 세계 2위를 했습니다. 그것도 2번이나 이겼던 일본에 딱 한번 져서 2등을 했으니 1등과 다름없는 2등이었습니다. 그 여세를 몰아 베이징올림픽에서는 예선과 본선 전승으로 올림픽 금메달을 땄습니다.

대한민국은 조그만 나라입니다. 동북아에 한쪽 귀퉁이에 붙은 반도 국가이고, 그나마 남과 북으로 갈라진 반쪽 국가입니다. 이런 나라가 어떻게 이렇게 발전할 수 있나, 어떻게 세계 최고가 될 수 있나, 믿을 수 없는 일들이 우리나라에 일어나고 있습니다. 정말 경이적입니다. 기적입니다. 하나님의 축복입니다. 이런 기적 같은 일들이 이 땅에서 일어났습니다.

감사, 또 감사할 일입니다.

제가 신문기사와 공식 통계들을 살펴보니까 우리나라의 경제규모가 이제는 세계 열두 번째 국가가 되었다고 합니다. 우리에게는 세계 최빈국 시절의 가난했던 시절이 있었습니다. 그런 대한민국이 이제는 경제 대국이 되어 세계 11위, 12위권의 경제 강국이 되었습니다. 저 작은 나라가 어떻게 그 짧은 기간 저렇게 비약적으로 발전할 수 있었는가, 다른 나라 사람들은 믿을 수가 없습니다. 이건 거의 기적에 가까운 일입니다.

그 뿐만이 아닙니다. 인터넷 보급률, 반도체 기술도 세계 1위입니다. 우리나라가 88올림픽에서 메달순위 종합 4위를 했을 때 많은 나라들이 충격을 받았습니다. 어떻게 분단된 반쪽 국가가 올림픽에서 종합 4위를 할 수 있느냐 놀랐습니다.

지금의 우리 청소년들의 체형은 거의 서구인의 체형에 가깝지만, 사실 한국 사람들은 예전엔 체격이 크지도 않고 힘이 있는 것도 아니었습니다. 그런데 그런 나라가 세계 열강들을 이기고 올림픽에서 4위를 한 것입니다.

저는 20대 중반에 미국으로 유학을 떠났습니다. 그래서 미국에서 공부를 하고, 목회를 하고, 신학교 교수로 살아왔습니다. 제가 한국을 떠날 때만 해도 일인당 국민소득(GNI)이 겨우 90불인 그런 시대였습니다. 그런데 88년 되니까 한국에서 올림픽을 개최하고 종합 4위를 했습니다. 저 같은 사람에게는 깜짝 놀랄 이야기였습니다. 당시 미국에 있던 제게는 충격도 보통 충격이 아니었습니다. 대한민국이 올림픽에서 종합 4위를 하니까 예전에는 간장을 찾아도 일본 간장만을 찾던 사람들이 이제는 한국 간장을 찾기 시작했습니다. 그만큼 한국의 위상이 달라졌습니다.

그뿐만이 아닙니다. 2002년에는 월드컵 축구에서도 4강에 들어갔습니다. 아마도 제 아내를 잘 모르시는 분들이 많을 텐데, 제 아내는 원래 차분하고 얌전하고 감정의 굴곡이 없는 그런 사람입니다. 평생 함께 살았는데 제 일생에 딱 한번 아내가 소리를 지르고 펄쩍펄쩍 뛰는 것을 보았습니다. 그때가 대한민국이 월드컵 축구 4강에 진출했을 때입니다. 저는 월드컵 축구 때문에 제 아내가 그렇게 열정적인 여자인 줄을 처음 알았습니다.

온 국민이 기뻐하고 즐거워하는 이런 일들이 대한민국에 있다는 것은 하나님의 축복입니다.

하나님의 축복이자 커다란 은혜입니다.

그 다음 해에는 대한민국이 유니버시아드대회에서 3등을 했습니다. 또 우리나라의 수질을 조사하니까 우리나라의 수질이 세계에서 일곱 번째로 좋은 나라라고 합니다. 저는 한국의 웬만한 가정들에는 정수기가 있고 해서 우리나라의 수질이 그렇게 좋은 줄 몰랐습니다. 우리는 우리가 마시는 물이 안심이 안 된다고 정수기를 달고 생수를 사서 마시는데, 우리가 마시는 물의 수질을 세계와 비교하니까 세계 7위라고 합니다. 이렇게 우리 대한민국에는 커다란 것에서부터 사소한 것에 이르기까지 참 감사한 일들이 많습니다.

우리나라뿐만 아니라 중국에서도 컴퓨터 온라인게임을 많이 합니다. 그런데 중국 사람들이 사용하는 온라인게임의 절반 이상이 한국 게임이랍니다. 한국 사람들이 얼마나 재주가 많으면 한국에서 만든 게임을 중국 사람의 50% 이상이 쓰겠습니까. 이것만 봐도 한국 사람들이 정말 재주가 많다는 것을 알 수가 있습니다.

그리고 OECD 회원국 가운데 고등학생들이 겨루는 경연대회에서 한국 학생들이 과학과 컴퓨터 부문에서 두 개나 일등을 했다고 합니다. 한국 사람은 재주만 좋을 뿐만 아니라 머리도 뛰어납니다. 이런 재능과 뛰어난 머리 덕분에 한국은 동북아의 조그마한 무명의 나라에서 세계적인 선진국으로 도약하고 있습니다.

대한민국은 지금 경제, 스포츠, 종교에서도 세계 일류

한국은 경제, 스포츠, 게임 등에서 세계 일류일 뿐만 아니라, 종교에서도 세계 일류입니다. 지금 한국 기독교는 세계에서 두 번째로 많은 선교사들을 전 세계로 파송하고 있습니다. 기독교 국가라 할 수 있는 미국이 세계에서 가장 많은 선교사들을 파송하고 있고, 그 다음이 한국입니다.

88올림픽이 열릴 때 미국 휘튼대학에서는 처음으로 '한인세계선교제'가 열렸습니다. 그때 약 2천 명이 참석했는데 그때까지만 해도 한국의 세계선교사 파송 순위 54등이었습니다. 그때까지 한국에서 파송한 선교사는 모두 550명이었습니다.

그런데 불과 12년 만에 한국은 세계 선교사 파송 2등이 되었습니다. 88년에 미국에서 한인세계선교제를 열 때까지만 해도 "하나님께서 한국을 축복해서 피선교국가에서 선교국가를 만들어 주십시오" 기도했습니다. "2000년 말까지 모두 만 명의 선교사를 보내주시옵소서" 기도했습니다. 이제 겨우 550명인데 12년 후에 만 명을 만들어 달라고 기도를 했습니다. 기도를 하면서도 참 말도 안 되는 기도라고 생각들 했습니다. 하나님의 축복과 은혜가 아니면 불가능한 기도응답이라고 생각했습니다.

그런데 재미있는 것은, 2000년 말 되니까 한국 교회가 파송한 선교사가 딱 만 명이 되는 것이었습니다. 우리도 놀랐습니다. 기도해놓고도 그 기도가 응답되어 놀랐습니다. 우리 믿는 사람들은 열심히 간절히 기도해놓고도 가끔씩은 '이게 과연 기도응답이 될까?' 하고 스스로 의심하기도 합니다. 그런데 우리가 불가능하다고 생각하는 것을 하나님은 이루십니다. 우리 힘으론 불가능한 것도 기도하면 전지전능하신 하나님께서는 응답하십니다. 그것이 바로 기도의 힘입니다.

우리의 기도가 응답된 것을 보고 우리 스스로도 많이 놀랐습니다. 그런데 더 놀라운 하나님의 역사는 그 다음에 나타났습니다. 2000년에 10,000명이던 선교사가 2009년에는 20,500명이 되었습니다. 9년 만에 만 명이 더 늘어나 두 배가 되었습니다.

지금 한국은 약 170개국 이상의 나라에 선교사를 파송했습니다. 선교사님들은 정부에서 파견한 대사들이 아닙니다. 선교사님들은 하나님이 파송한 하나님 나라의 대사들입니다. 그래서 정부에서 파송한 대사들처럼 수도나 주요 도시에 있는 것이 아니라, 가난한 사람들 속에 들어가 있습니다. 그 나라말을 완벽하게 배워 가지고 그 사람들을 도우면서 복음을 전하고, 가난한 것과 병든 것과 어려운 문제들을 해결해 주는 하나님 나라의 대사역할을 하고 있습니다. 지금 한국 교회가 세계에서 두 번째로 많은 선교사들을 파송한 복음 수출 선교국가가 되었다, 이것은 정말로 놀라운 일입니다. 하나님께서 역사하신 일입니다.

미국에 온 유학생들 중에 두 번째로 많은 유학생들을 보낸 나라가 한국입니다. 이 얘기는 앞으로 몇 십 년 후면 그만큼 많은 한국의 아이들이 국제적인 안목을 가지고 세계를 위해 봉사할 수 있는 기회가 많이 온다는 의미입니다.

또한 중국의 통계를 보니까 중국에 유학한 학생들 중에서 가장 많은 숫자가 한국에서 유학 온 유학생들이라고 합니다. 한국의 아이들이 전 세계로 공부하러 나가서 앞으로 미국 전문가, 중국 전문가, 아프리카 전문가 등 세계 곳곳의 전문가들이 되어 한국으로 돌아오거나 세계 속에서 일하게 된다는 의미입니다. 우리 유학생들이 전 세계 곳곳에 안 간 나라가 없습니다. 이 아이들이 세계 속의 전문가가 되면 한국은 세계 속에서 세계를 위해 공헌하는 나라가 된다는 의미입니다. 이 모두 하나님의 은혜요, 축복입니다.

이뿐만 아니라 우리나라에 오고 싶어 하는 사람들도 많습니다. 개발도상국 가운데 많은 나라의 사람들이 한국에 와서 일하고 싶어 합니다. 너무 한국에 와서 일하고 싶어 해서 심지어는 불법체류 외국인 노동자가 수십만 명에 이르기도 합니다. 이 때문에 출입국관리소에서는 불법 체류자 때문에 많은 골치를 앓고 있다고도 합니다. 그래서 불법 체류자가 많다고 불평이 많은데, 불법 체류를 없애는 방법이 딱 하나 밖에 없습니다. 그것은 우리가 다시 가난해지는 것뿐입니다. 대한민국이 잘살면 잘살수록 더 많은 외국인 노동자들이 한국으로 들어오고 싶어 하는 것은 당연한 일입니다.

예전에는 우리나라에서도 미국이나 일본으로 얼마나 많은 불법 체류자들이 갔습니까. 미국이나 일본이 우리보다 잘사니까 잘사는 곳을 찾아 돈 벌러 간 것입니다. 이것은 자연스러운 현상입니다. 그런데 이제는 한국에 전 세계 많은 나라에서 와서 안 가려고 하는 것은, 한국이 자기나라보다 좋고, 한국에서 배울 것 많고, 돈도 벌 수 있기 때문입니다. 한국이 자기들의 삶을 변화시킬 수 있는 나라가 되었기 때문입니다. 그래서 동남아나 중동, 아프리카 등 제3세계의 개발도상국 외국인 노동자들만 몰려오는 것이 아니라, 미국이나 유럽 등 선진국에서도 한국을 배우기 위해서 많은 유학생들과, 많은 기업들이 한국을 찾아오고 있는 것입니다.

얼마 전 저는 중국에서 오신 동포 분을 만났습니다. 이분은 초등학교 밖에 졸업을 못하신 분입니다. 이분께는 남편과 아들, 그리고 딸이 있었습니다. 그런데 이분의 남편은 일을 할 수 없는 환자분이고 아이들은 공부를 하고 있어서, 이분 혼자 한국에 나와서 돈을 벌어 두 아이 모두 중국에서 대학을 보냈다고 합니다. 그러고도 남편 병원비 다 대주고도, 아파트도 한 채 샀다고 합니다. 이분이 한국에 온 지는 7년 되었는데, 이분이 한국에 와서 일한 덕분에 딸은 간호사가 되고, 사위는 신문기자가 되었다고 합니다. 이런 것들이 무엇을 이야기해줍니까? 이제는 한국이 세계 속에서 축복받는 국가가 되었다는 의미입니다.

저처럼 일제시대에 태어나서, 한국전쟁을 겪은 사람에게는 정말 놀라 자빠질 기적 같은 변화입니다. 하나님께서 이렇게 우리를 축복해 주셨습니다. 하나님께 정말 감사를 드립니다.

제가 미국에 가서 26년을 살았습니다. 미국에서 목회도 하고, 대학교수도 하고, 선교사역도 했습니다. 그동안 여러 차례 한국에서 오라고 초청이 있었지만 못 간다고 했었는데, 어느 날 하나님께서 저에게 한국으로 돌아가라고 명령하셨습니다. 그래서 그 부름을 받아 한국으로 돌아와 보니까, 한국은 너무 너무 달라져 있었습니다. 제가 떠난 한국과 제가 돌아온 한국은 전혀 다른 나라가 되어 있었습니다.

얼마나 좋은 나라가 되었는지 이렇게 좋은 나라가 되어 있었습니다. 모든 면이 발달해서 경제는 경제대로, 교육은 교육대로, 모든 것들이 괄목상대하게 달라져 있었습니다.

제가 한국을 떠날 때는 서울에 제대로 된 대학교는 서울대학교 정도가 거의 전부였습니다. 그런데 제가 다시 돌아와 보니까 서울에는 서울대학교가 정말 많더군요. 서울에 있는 대학들은 다 서울대학교라고 불러도 좋을 정도로 그렇게 모두 발전을 했습니다.

이것은 정말 큰 축복입니다. 우리나라가 이렇게 발전하게 된 것은 모두 교육 덕분입니다. 옛날에 대학을 다니신 분들은 잘 아시겠지만 옛날에는 아버지 어머니들이 시골에서 소 팔고, 논 팔고 하면서 자식들을 대학에 보내지 않았습니까? 그래서 대학을 학문의 전당인 상아탑이 아니라 소 팔아 보냈다고 해서 우골탑이라고 부르기도 했었습니다.

제가 잘 아는 의사 한분은 지명도 잘 들어보지 못한 시골에서 태어나서 지금은 천안에 있는 대학병원에서 일을 하고 있습니다. 그분도 자기 어머니 아버지가 시골에서 그 옆 도시로 중고등학교 유학을 보내고, 서울로 대학 유학을 보내고 해서 지금은 훌륭한 의사가 되고, 의학교수가 되셨다고 합니다. 오늘날 우리가 이렇게 발전하고 잘 살기까지 우리 부모들이 많은 희생을 하셨습니다. 이루 말할 수 없는 고생들을 하셨습니다.

이렇게까지 고생을 하면서 자식을 교육시킨 이유는 무엇입니까? 우리나라에 가진 것은 사람밖에 없고, 우리나라가 발전할 수 있는 길은 교육밖에 없기 때문이었습니다.

솔직히, 우리나라 이 작은 땅덩이에 가진 것이 무엇이 있습니까? 석유 한 방울도 안 납니다. 주요 광물들도 대부분은 수입해야 합니다. 너무 작은 나라라 자원이 없습니다. 자원도 부족한데 4천 3백년 동안 썼습니다. 뭐가 남아 있겠습니까? 미국이나 러시아, 중국, 브라질처럼 다른 큰 나라들은 자원이라도 풍부합니다.

우리는 아무리 파도 나올 게 없습니다. 우리는 믿을 것이 우리 국민들의 머리 밖에 없습니다. 그래서 하나님이 주신 머리를 개발해야 먹고 살 수 있는 나라입니다. 그래서 우리는 그동안 교육에 엄청나게 투자를 했습니다.

이것을 잘 아는 우리 부모들이 자식들을 위해 희생하고 투자해서 오늘날 대한민국을 이끌어가는 좋은 두뇌들이 많이 나온 것입니다. 전 세계에서 가장 높은 교육열을 가진 우리 부모님들의 희생과 투자 위에 과학, 예술, 기술, 경제, 교육 등 모든 분야에서 골고루 발전해서 오늘의 대한민국이 된 것입니다.

이러다보니 요즘은 교육열이 너무 지나쳐서 아이들에게 너무 많은 공부를 시킨다고 오히려 사회적으로 문제가 되기도 합니다. 하지만 어릴 때 공부를 안 하면 도대체 뭘 합니까? 공부할 수 있을 때 공부해야 합니다.

미국 오바마 대통령은 연설 중에 한국에 대해 많이 이야기를 합니다. 오바마 대통령이 최근에 한 연설 중에서도 공부는 한국처럼 해야 한다는 말을 여러 번 했습니다.

너무 공부시킨다고 짜증내지 말고 공부 많이 해서 우리 대한민국이 세계 일등국가로 하나님 앞에 많은 쓰임을 받도록 하나님께서 축복해 주시기를 기도해야 합니다.

한국인의 문제 중 가장 큰 문제는 인격의 문제

앞에서 살펴본 것처럼, 이렇게 많은 축복의 시간들이 우리 대한민국에 있었습니다. 그래서 하나님께 늘 감사한 마음입니다.

그런데 우리나라가 많은 분야에서 많은 발전들을 거듭해왔는데, 제가 보기에 아직까지 크게 발전하지 못한 분야가 두 군데가 있습니다. 그 하나는 우리나라 사람들의 인성 또는 인격이고, 다른 하나는 정치입니다.

제가 한국을 떠나기 전인 학생 시절에 느낀 것과 50여년이 지난 지금을 비교해보면 우리의 인성과 정치는 아직까지 선진국 수준이라고 할 만큼 충분한 발전을 이루지는 못한 것으로 저는 생각됩니다. 그래서 참 많이 마음이 아픕니다.

우리나라의 도덕과 윤리는 한국전쟁 이후와 지금을 비교해 봐도 크게 발전하지 않은 것 같습니다. 오히려 어떤 부분은 도리어 후퇴한 게 아닌가 걱정될 때도 있습니다.

정치도 마찬가지입니다. 많은 부분에서 민주주의가 정착이 되긴 했지만, 아직까지도 부정과 부패는 여전합니다. 국가와 국민보다는 자신들의 이익을 더 우선하는 정치 집단들의 모습도 크게 달라지지 않았습니다.

왜 아직까지 이런 문제들이 일어날까요? 저는 참 많은 고민을 했습니다. 윤리와 정치, 이 두 가지만 좀 더 발전하면 틀림없이 세계 속의 일등 국가가 될 수 있는데, 선진국이 될 수 있는데 참으로 안타까운 일이 아닐 수 없습니다. 우리나라의 자동차산업이나, 반도체 기술 등은 이미 선진국 대열로 들어섰습니다. 그런데 아직도 정치는 제 자리에 머물러 있고, 윤리는 오히려 퇴보한 면도 있습니다.

그러면 어떻게 해야 우리나라의 정치와 윤리를 발전시킬 수 있을까요? 저는 결국 이 모든 것이 사람의 문제라는 결론에 도달했습니다. 모든 것은 인성의 문제, 인격의 문제입니다.

과학은 머리의 문제입니다. 건축기술도 기술의 문제입니다. 문명과 기술, 지식과 기술은 축척될 수 있습니다. 누군가가 좋은 것, 새로운 것을 발명하거나 발견해서 그것을 어떻게 했는지 책을 써놓으면 다른 누군가가 그것을 토대로 더 나은 문명과 기술을 발전시킵니다. 문명은 축척이 됩니다. 좋은 집을 짓기 시작하면 다음에는 더 좋은 집을 지을 수 있고, 한 단계씩 계속적으로 발전하면서 지식과 기술은 축척을 할 수 있습니다.

그러나 사람의 인품, 품성, 인격은 축척이 안 됩니다. 부모가 좋은 인격을 계발했다고 그 자녀가 저절로 좋은 인격이 유전되거나 축적되지 않습니다. 좋은 부모 밑에서 좋은 환경과 좋은 교육을 통해 좋은 자녀들이 나오는 경우가 많기는 하지만, 부모의 인격과 인품이 자식에게 축적되어 그런 결과가 나오는 것은 아닙니다. 인격과 인품은 모든 개개인이 스스로 노력하고 교육받고 계발해야 이루어지는 것입니다.

저는 중학교 때부터 지금의 나이까지 영어를 배우고 공부해왔습니다. 그래서 거의 미국사람처럼 영어를 사용합니다. 그러면, 내 손자는 할아버지인 저의 영어 수준부터 시작할 수 있다면 얼마나 좋겠습니까? 하지만 안 됩니다. 제가 아무리 영어를 많이 익히고 공부했다고 해도 제 손자는 기초부터 다시 시작해야 합니다. 영어가 이런데, 인격은 말할 나위 없습니다.

인격과 인품도 누구나 기초부터 하나씩 차근차근 시작해야 됩니다. 인격은 축적되지 않습니다. 사람마다, 시대마다, 세대마다 다시 처음부터 0 에서부터 시작해야 합니다.

그래서 사람이 변하지 않으면, 사람의 인성과 인격과 품성이 변하지 않으면 그 사회의 윤리도 변하지 않습니다. 그 사회의 윤리란 그 사회에 속한 모든 사람들의 인격과 인품과 품성의 집합입니다.

하나님의 피조물인 우리 모든 사람 속에는 죄성이 있습니다. 어느 시대에 언제라도 이 죄성은 튀어나올 수 있습니다. 그런데 사람이 변하지 않으니까 정치가 그 자리에 있고, 윤리가 그 자리에 있는 것입니다.

그럼 이걸 어떻게 해결해야 합니까? 정치와 윤리를 발전시키는 것이 우리에게 상당히 큰 숙제이고, 대한민국에 주어진 커다란 도전과제입니다.

대한민국 정치가 잘되고 대한민국의 윤리가 발전하기 위해선 기술과 지식과 문화가 발전하는 것과 마찬가지로 사람도 발전을 해야 합니다. 그러기 위해선 먼저, 공부를 해서 사람을 분석하고, 그리고 사람이 변화할 수 있는지 연구하고 새로운 계획을 세워야 합니다. 대한민국 국민을, 우리 자신을 먼저 알고 연구하는 것이 필요합니다.

우리 대한민국 국민에게는 다른 나라 사람들에게는 없는 많은 장점들이 있습니다. 지금까지 대한민국이 비약적인 발전을 이룩한 것은 우리 한국 사람들이 가진 이 장점들이 위력을 발휘했기 때문입니다. 우리 국민들의 장점들이 합쳐지면서 시너지가 생기고 이것이 폭발하면서 대한민국이 발전한 것입니다.

그러나 우리에게는 단점도 있습니다. 이런 단점들이 더 발전할 수 있는 우리나라의 발목을 잡고 있습니다.

저는 한국 사람들이 발전할 수 있는 장점들을 조사하고, 또 우리가 가지고 있는 단점들을 보완하면 일등국민, 일등국가로서 세계에서 크게 공헌할 수 있는 그런 국가와 민족, 그리고 교회가 될 수 있다고 믿습니다.

공부를 하면 희망이 생깁니다. 그러면 우리나라가 다시 일어나서, 앉은뱅이가 일어나서 걷고 뛰고 하나님을 찬양한 것처럼 우리에게도 하나님의 역사가 일어날 수 있다고 저는 믿습니다.

인성이 잘 개발되지 않는 이유는 우리 속에 많은 문제가 있기 때문입니다. 우리들에게는 장점도 많지만 한편으로는 고쳐야 할 문제들도 많기 때문입니다.

해방 후 민주국가를 세우고 민주주의제도를 만들고 민주적인 정당제도도 만들어 놨는데, 우리의 인성에서 문제가 생기니까 정치가 잘 안되는 것입니다.

자본주의 제도 하에서 열심히 일하면 일한 만큼 돈을 벌고 대가를 받으면 잘 살 수 있도록 만들어 놓았는데 우리의 인성에 문제가 있으니까 서로 고통을 주고, 문제를 일으키고, 괴로움이 생기는 것입니다.

모두가 인격의 문제, 인성의 문제, 품성의 문제 때문에 생기는 문제들입니다.

기업이 어려울 때는 노동자가 기업을 위해 임금도 동결하고 기업을 살리기 위해 함께 애써야 하고, 반대로 기업을 위해 일하는 노동자가 적은 임금으로 인해 고통을 받으면 기업은 소수가 이익을 독점하는 것이 아니라 다수와 나누며 기업을 위해 일하는 사람들이 함께 잘 살 수 있는 그런 기업을 만들려는 자세가 필요합니다. 그런데 회사가 어려움에 빠지면 대개는 서로 힘을 합해서 회사를 살리고 함께 살려는 것이 아니라 나만 잘 살려고 하다보니 문제가 생기는 것입니다. 남보다 나를 먼저 생각하니까 문제가 생기는 것입니다. 이 모든 것이 인성의 문제입니다.

가정도 마찬가지입니다. 우리가 결혼을 할 때, 아마도 결혼을 하기 전 수백 번도 더 사랑한다고 말했을 겁니다. 그런데 결혼하고 나서는 그렇지 않습니다. 사랑한다고 잘 말하지도 않습니다. 그래서 요즘 시대에는 이혼을 많이 하고 있습니다. 가정에 문제가 있는 것입니다. 가정에 무슨 문제가 있느냐? 바로 인성의 문제가 있는 것입니다.

우리의 속사람이 변하고 성장하고 성숙해가며, 인성이 개발되어야 가정도 성숙하고 화목해집니다. 그런데 우리의 인성은 그대로 있고, 결혼을 인격의 준비없이 하니까 가정에 문제들이 생겨서 이혼율이 세계 2위가 되었습니다. 참 부끄러운 일입니다.

부모가 자식을 키울 때 이 아이들의 인격을 만들어줘야 아이들이 결혼을 해서도 잘살 수 있습니다. 모든 것의 중심에는 인격의 문제, 인성의 문제가 있습니다.

우리나라 중고등학생들이 우리나라를 어떻게 생각하는지 통계 조사를 해봤다고 합니다. 그런데 응답한 학생들의 92%가 우리나라는 부패한 나라라고 응답했다고 합니다. 그리고는 만약에 돈을 벌 수 있고, 출세를 할 기회가 있으면 부정을 저지를 수도 있다고 응답했다고 합니다.

저는 이 기사를 읽으면서 마음이 너무 괴로웠습니다. 어른이 아이들에게 부패한 사회를 보여 주니까 아이들도 사회가 부패한 걸 알고 우리도 그렇게 하겠다, 이렇게 생각하게 된 것입니다. 이 모든 것이 윤리의 문제입니다.

윤리가 뭡니까? 윤리라는 것은 인간의 가슴속에서 나오는 인성문제입니다. 이제 우리는 더 이상 인성의 문제, 인격의 문제를 이대로 내버려둬서는 안 됩니다. 이 인성문제를 정면으로 다루고, 인격의 변화, 인격 개발, 인격 형성, 우리의 품성의 변화와 성숙하기 위해서 대한민국이 몸부림을 쳐야 됩니다. 저는 지금 이것이 대한민국에서 가장 심각한 문제 중의 하나라고 생각합니다.

이것은 교육의 문제, 사교육비의 문제가 아니고, 바로 사람의 문제입니다. 이제 우리는 이 인성의 문제를 정확하게 바라보고, 온 국민이 깨달아서 이 문제에 대해 심각하게 연구하고 조사하여, 방법을 찾아내야 합니다. 이 인격의 문제, 인성의 문제를 어떻게 해결할 것인지 여기에 총집중을 해서 이제 앞으로 우리나라가 경제대국, 기술대국을 넘어 세계를 선도하는 일류국가가 될 수 있도록 만들어야 합니다.

지금 정부가 하는 일을 보니까 앞으로 10년 동안에 2만불 시대를 넘어서기 위해서 5천억의 돈을 들여서 디지털TV, 지능형 로봇, 차세대 반도체 등 열 가지 성장 동력 기업을 육성 하겠다고 합니다. 그런데 그건 지식과 기술의 문제입니다. 지식과 기술만 발전시켜서는 곤란합니다. 지식과 기술에 더해서 세계를 위해, 민족을 위해, 이웃과 나라를 위해 공헌할 수 있는 사람을 길러야 합니다.

그런데 정부 계획에 보면 인간의 품성과 인격개발에 대해서는 프로그램이 전무합니다. 5천억을 들여서 하겠다고 하는 모든 것들이 기술 분야들입니다.

이런 문제를 정부가 주도해서 하기 힘들다고 하면 이제 이런 것은 종교가 하고, 교회가 하고, 학교가 해야 합니다.

하지만 그래도 최소한 정부가 '이 인간의 문제, 품성의 문제, 인격의 문제 이런 것들이 우리에게 가장 중요한 문제 가운데 하나다' 이렇게 지도자들이 인식을 해야 합니다. 그래서 정부지도자들이 앞으로 이런 문제를 어떻게 해결할 것인지 연구를 하든지, 종교가 나서 달라고 하든지, 국민운동으로 전개를 하고 방향을 제시해야 합니다. 그렇게 하면 온 국민들이 이런 것을 연구해서 우리나라 국민을 최고의 선진국 인격을 가진 나라로 만들 수 있습니다. 그러기 위해서는 최소한 정치 지도자들이 이런 인격과 인성의 문제에 대해 분명한 인식을 가지고 말이라도 분명하게 해서 국민들에게 방향을 잡아주어야 합니다. 그래서 국민들이 이것을 고치고 개발해야겠구나, 이슈가 돼야 우리나라가 선진국이 될 수 있는 기회가 온다는 뜻입니다.

사람이 일등인 국가, 인격이 일등인 대한민국!

앞으로 여러분과 저는 대한민국을 세계를 리드하는 일류국가로 만들기 위해, 대한민국 국민이 세계를 이끌어가는 선진국형 한국인으로 만들기 위해 가장 먼저 사람에 대한 변화, 사람에 대한 개조가 필요하다는 필요성을 깨닫고 여기에 대한 공부를 함께 해보려고 합니다. 사람의 인격형성과 인격의 변화를 가져올 수 있는 방법들을 공부하게 될 것입니다.

그러기 위해 우리의 문제가 구체적으로 무엇인가, 앞으로 어떤 문제를 우리가 다루어야 할 것인가에 대해서 생각을 해봐야 합니다.

사람은 언제나 제로(0)부터 시작하기 때문에 어디로 가야 할지, 어떤 사람이 돼야 할지, 목표나 모델이 없으면 어디로 가야 할지 알기가 힘듭니다. 우리의 문제가 뭔지, 우리의 장점이 뭔지, 이런 것들을 구체적으로 모르고 목표도 없으니까 아무 방향으로나 가는 겁니다.

목표를 분명히 하고 시위를 당겨도 목표에 맞을까 말까 하는데 목표가 뭔지도 모르고 생각도 안하고, 그냥 로봇만 잘 만들면 된다, 잘 먹고 편하게 잘산다고 해서 세계 일류국가, 일등국가가 될 수 없습니다.

사람이 일등인 국가가 되어야 합니다. 사람이 일등인 국가가 일등국가입니다. 사람이 일등 사람이 되어야 잘 먹고 잘 살면서도 존경받는 나라가 되는 것입니다. 아무리 돈이 많고 기술이 발전해도 사람이 못 났으면 아무도 그 나라를 일등국가로, 그 국민을 일등국민으로 존경하지 않습니다.

우리나라가 한창 경제적으로 발전을 하고 있을 때 공산주의 국가가 무너졌습니다. 그래서 우리나라에서는 해외로 많은 여행을 갔습니다. 저도 그 당시에 러시아로 여행을 갔습니다. 러시아에 많은 한국인 관광객들이 왔는데, 한국인들이 돈은 많아 돈을 물 쓰듯 쓰는데, 같은 한국 사람인 제가 봐도 한국인의 모습은 일등국가의 일류국민들의 모습은 아니었습니다.

그래서 러시아 사람들이 그 한국인 관광객들을 욕하는 것을 제가 보았습니다.

우리나라에서 많은 나라들로 해외 선교사들을 파송했지만, 선교사들이 처음 갔을 때 선교사의 인격이 받쳐 주지 못하니까 그 나라 사람들이 싫어하고, 어떤 나라는 데모까지 해서 한국 선교사들 돌아가라는 일까지 있었습니다. 이 모든 것이 우리의 인격, 우리의 인성이 부족한 결과였습니다.

우리가 발전한다는 것은 기술이 발전한다, 돈이 많다, 이런 것만으로는 되지 않습니다. 거기에는 외형적 발전과 함께 내면적인 발전이 있어야 합니다. 이것을 분명히 인식하는 것이 필요합니다.

그래서 '탁월한 인격 만들기'의 첫 번째 강의는 인성과 인격의 필요성을 분명히 인식하는 것에서 출발하려고 합니다. 문제가 뭔지를 분명히 아는 것만으로도 정답의 절반은 이미 알고 있는 것이나 마찬가지입니다. 문제가 뭔지를 모르면 고치지도 못합니다.

지금까지 우리는 우리의 문제가 무엇인지를 살펴보았습니다. 이제 앞으로 어떤 일을 해야 하는지를 하나씩 알아보고 구체적으로 살펴보면서 우리나라가 새로워지는, 우리민족이 새로워지는 축복의 시간을 가져보기로 하겠습니다.

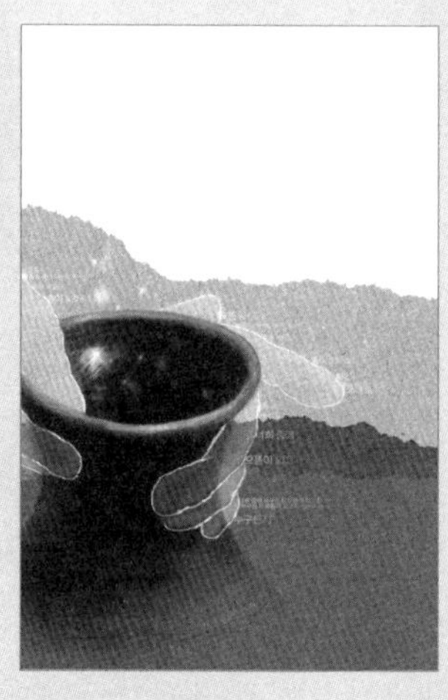

우리 민족이 지금보다 한 단계 더 발전되고 업그레이드되려면 우리에게 있는 단점들을 고치고 개선해야 합니다. 지금 우리가 가진 장점으로 세계 속에서 뛰고 있는 상황이라면, 우리가 가진 단점을 개선한 미래에는 세계 속으로 날아오르는 상황으로 바뀔 수도 있습니다.

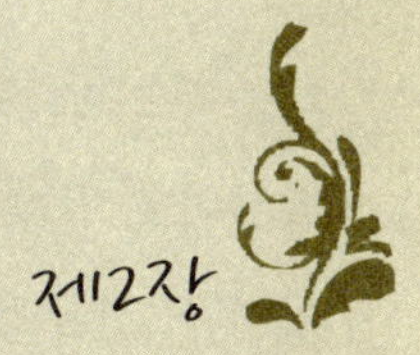

우리가 고쳐야 할 단점들

저는 하나님이 우리 민족에게 주신 축복을 생각하면 언제나 감격하고, 감동하는 마음이 생깁니다. 하나님께서는 우리 민족에게 많은 장점들을 주셨습니다.

우리 민족의 장점 가운데 하나는 적극성이 있고, 인내심이 있다는 것입니다. 또한 높은 교육열을 가진 민족이란 것도 장점입니다. 뿐만 아니라, 우리 민족에게는 책임감, 결단력, 실천력, 꾸준한 끈기와 같은 많은 장점들이 있습니다. 이런 장점들이 모여서 결국 오늘날의 대한민국을 만들어냈습니다. 우리 민족이 가진 이런 장점들이 합쳐지면서 시너지효과를 내고 폭발력을 일으켜 단기간의 선진국의 반열에 오를 수 있었습니다.

우리 민족이 가진 많은 장점들은 더 이상 걱정할 필요가 없습니다. 문제는 우리 민족이 가지 단점들입니다. 우리 민족이 지금보다 한 단계 더 발전되고 업그레이드되려면 우리에게 있는 단점들을 고치고 개선해야 합니다. 지금 우리가 가진 장점으로 세계 속에서 뛰고 있는 상황이라면, 우리가 가진 단점을 개선한 미래에는 세계 속으로 날아오르는 상황으로 바뀔 수도 있습니다.

우리 민족이 가진 단점들을 살펴보기 위해서 먼저, 우리나라 지도자들은 우리 국민의 품성과 인격에 대해 뭐라고 했는지 살펴봅시다. 우리보다 앞선 세대를 살았던 한국의 지도자들이 한국 사람에 대해 뭐라고 평가했는지를 살펴보는 것은 우리들 자신을 돌이켜보고 알아보는 데 많은 도움을 줄 것입니다.

예를 들면, 일제 시대를 살았던 춘원 이광수나 도산 안창호 선생, 그리고 씨알 함석헌 선생, 초대 서울대총장과 문교부장관을 지냈던 장기욱 박사 등이 우리 민족에 대해 어떻게 평가했는지를 한번 살펴보았으면 합니다. 또한 최근의 전문가들과 또 외국인들은 우리 한국인을 어떻게 보는지 한번 비교해서 살펴보는 것도 의미 있는 일일 것입니다.

춘원 이광수의 〈민족개조론〉

먼저, 1922년 5월 『개벽』에 발표된 춘원 이광수의 〈민족개조론〉을 살펴보겠습니다. 지금으로부터 거의 90년 전 춘원 이광수는 〈민족 개조론〉이란 한편의 논문을 발표하여 우리 민족을 개조해야 한다, 우리 민족은 달라져야 한다는 사상을 전파하였습니다.

거기에 보면 춘원 이광수는 조선 민족이 망하게 된 열 가지 이유를 써

놓았습니다. 조선 민족에게는 열 가지의 문제점이 있는데 이것을 고치지 않으면 조선 민족은 망하게 될 것이다, 이런 이유들을 써놓았습니다.

그 중에 첫 번째는 뭐냐? 춘원 이광수는 '사대주의'라고 이야기합니다.
〈민족개조론〉에서 춘원 이광수는 이렇게 이야기하고 있습니다.
"첫째, 조선인끼리 서로 신용이 없습니다. 외국인은 신용하면서 자국인끼리는 신용하지 못하는 기현상이 있습니다."
외국 사람은 신뢰하고 잘해주면서 우리나라 사람끼리는 잘 믿지 않는 사대주의가 있다고 이광수는 이야기했습니다. 즉, 우리 민족 스스로 외국인은 사대하고 자국인은 자기비하 하는 나쁜 문제점이 있다는 이야기입니다.
사실, 이런 현상은 지금까지도 어느 정도 남아 있습니다. 국내에서는 아무리 잘해도 별로 평가를 안 해주다가, 외국에서 학위를 받아왔다, 외국에서 입상하거나 메달을 땄다, 외국 잡지나 언론에 실렸다… 이러면 국내에서도 평가해주는 이상한 풍토들이 있습니다.

저도 이광수가 지적한 사대주의 및 자기비하와 관련한 경험이 있습니다. 제가 미국 중부에 있을 때의 일입니다. 제가 신학과 목회 두 가지를 모두 병행하자니 너무 힘들어서 신학교수 하나만이라도 제대로 하자 생각하고 동부로 갔습니다. 동부의 어느 신학교에 신학교수로 갔는데 제가 살던 중부에는 한국 이민자들이 별로 없는 곳이었습니다. 그런 곳에 살다가 동부인 워싱턴으로 오니 워싱턴에는 한국인 이민자들이 아주 많았습니다. 그래서 저는 동포인 한국 분들을 만나는 마음에 반갑게 인사를 하는데 그런데 한국 분들은 저를 별로 반가워하지 않더군요.

저는 동포를 만난 반가운 마음에 반가움을 표현하는데, 상대방은 반가워하지 않아서 가만히 생각해 보니 '이분들이 한국이라는 작은 나라에서 살다가 편안한 마음으로 넓은 나라인 미국으로 이민을 왔는데 미국에 와서까지 한국인을 만나니 별로 안 반가운 것인가?' 하는 생각도 들었습니다.

그런데 나중에 알게 된 것이 한국 사람들이 한국 사람들을 별로 안 좋아한다는 것이었습니다. 한국인 목사보다는 미국인 목사, 한국인 신학교수보다는 미국인 신학교수를 더 좋아하더군요. 그런데 한국인보다 미국인 목사나 신학교수가 더 잘할 거라고 생각하고 미국인을 더 좋아하는 것은 사대주의입니다. 한국인에 대한 지나친 열등감입니다. 저는 그것을 나중에 알았습니다. 그래서 그런 사대주의와 열등감을 깨기 위해 많은 노력을 했습니다.

자기 나라 사람보다 다른 나라 사람들을 더 신뢰하고 좋아하는 것은 사대주의입니다. 자기 민족에게 지나친 자기비하나 열등감은 좋지 않습니다. 춘원 이광수는 일제 시대 때 이미 우리 민족의 이런 문제점을 지적하였습니다. 우리 민족이 더욱 발전하기 위해서는 이런 사대주의를 벗어나야 합니다. 우리 민족에 대한 자긍심과 자존감이 필요합니다.

사대주의 외에도 춘원 이광수는 우리 민족의 문제점들을 아홉 가지 더 이야기했습니다. 그것들을 간단하게 살펴보겠습니다.

이광수가 이야기한 우리 민족의 문제점 두 번째는 허장성세가 있다, 허풍을 떤다는 것입니다.

이광수는 이것을 "단체나 정치를 하는 사람들을 보더라도 거짓이 당연한 것처럼 생각하는 사람들이 많다는 것입니다. 금전으로나 인물로나 아무 실력도 없으면서도 무슨 큰 실력이나 있는 듯이 허장성세를 합니다"라고 지적했습니다. 실제의 자기 자신보다 부풀리고 허풍을 떠는 기질이 있다는 것입니다. 그래서 뭐든지 크고 일등이 되는 것을 좋아해서 일등이 되려고 애를 쓴다고 합니다. 이런 허풍과 허장성세가 춘원 이광수가 지적한 우리 민족의 두 번째 문제점입니다.

춘원 이광수는 조선 사람이 고쳐야 할 문제점으로 세 번째, 이중성이 있다는 점을 지적했습니다. 속과 겉이 다르기 때문에 믿을 수가 없고 알 수가 없다는 것입니다.

네 번째 문제점으로는, 탁상공론이 심하다는 것을 지적했습니다.
이론은 많은데 실천이 없다는 것을 지적한 것입니다. 사실 이런 탁상공론은 교회에서도 많이 일어납니다. 여러 차례 의논은 많이 했는데, 지나고 보면 실천된 것은 별로 없는 일들이 교회에서도 많이 생기곤 합니다.

다섯 번째 문제점으로는, 신의가 없다, 믿을 수가 없다는 것을 지적했습니다.
신뢰의 문제는 사실 굉장히 심각한 문제입니다. 우리 민족이 쉽게 단결하지 못하고 분열되는 가장 큰 이유가 저는 이 신뢰의 부족이라고 생각합니다. 따로 따로 떼어놓으면 한 사람 한 사람이 너무 잘하는데, 묶어만 놓으면 모래알처럼 흩어지는 것은 충성심이 부족하고 단결력이 부족한 탓이기도 합니다만, 그 근본 중심에는 상대방에 대한 신뢰가 부족한 것이 깔려 있습니다. 이 신뢰의 문제점은 우리 민족이 반드시 풀어야 하고 해결해야 할 문제 중의 하나입니다. 반드시 극복해야 할 문제입니다.

제가 20대 중반의 나이에 한국을 떠났을 때만 해도 한국에는 장로교단이 4개가 있었습니다. 그런데 26년 만에 한국에 다시 돌아오니 그 사이 한국 장로교단의 수가 100개가 넘어 있었습니다. 장로교단이 산산조각이 난 겁니다. 이것은 교회에서조차도 신뢰가 부족하고 협력심이 부족하다는 증거입니다.

교회뿐만이 아니라 우리 사회의 어디를 가든지 신뢰의 문제는 가장 큰 문제입니다. 정치도 그렇고, 경제 분야도 그렇고, 노사 갈등이나 모든 문제들의 근원에는 상대방에 대한 배려와 이해, 신뢰가 부족하다는 것이 항상 문제의 근본 원인인 것을 발견하게 됩니다. 이제 우리 사회가 더 발전하고 우리나라가 더 도약하기 위해서는 신뢰의 문제부터 해결해야 합니다. 이 문제를 심각하게 바라보고 구체적으로 어떻게 해야 신뢰의 문제를 해결할 수 있을지 고민해야 합니다. 우리 사회가 신뢰를 회복하고 더 협력하고 협동할 수 있는 새로운 성품을 만들어내야 하는 숙제가 우리에게 주어져 있습니다.

신뢰를 회복하는 지름길은 소통입니다. 서로 간에 정보가 없고 소통이 없으면 오해가 생기고 신뢰가 깨어집니다. 신뢰를 회복하는 지름길은 이해와 배려입니다. 역지사지하는 것입니다. 내 입장을 먼저 이야기하기에 앞서 상대방의 이야기에 먼저 귀 기울이는 것입니다. 하나님께서 우리에게 두 개의 귀와 하나의 입을 주신 것은 한 번 말할 때 두 번 들으라는 의미입니다. 문제 자체가 해결되는 데는 많은 시간이 걸릴지라도 상대방의 이야기를 잘 들어주는 것만으로도 상당부분 신뢰는 해결됩니다.

이광수가 이야기한 여섯 번째 문제점은 정직성이 없다는 것입니다.

이것도 한국 사람들의 큰 문제 가운데 하나입니다. 제가 미국으로 유학을 떠나기 전이었습니다. 미국으로 가기 전에 미국에서 생활하는 데 필요한 물건들을 사서 갔습니다. 그런데 제가 그 물건들을 사서 돌아서는데 상인들이 자기들끼리 이야기하며 저를 보고 비웃는 소리를 제가 들었습니다. 저는 상인들이 달라는 가격을 다 주고 제가 필요한 물건들을 샀습니다. 그런데 두 배 이상의 가격을 불렀는데도 달라는 대로 다주고 사니까 오히려 저를 비웃는 것이었습니다. 저는 물건 값에 대한 상인들의 말을 믿었습니다. 그래서 달라는 가격대로 드렸습니다. 그런데 한국에서의 제 마지막 기억은 상인들의 말을 믿은 저에 대한 비웃음이었습니다. 미국으로 떠나면서 참으로 씁쓸한 추억을 안고 떠나야 했습니다.

제가 대학교 4학년 때 4.19혁명이 일어났습니다. 그래서 우리 대학생들은 이제 한국을 바꿔야겠다는 열망에 가득 차서 '한국을 어떻게 바꿔야 하는가'에 대해 진진하게 고민했습니다. 대통령만 바뀌어서 될 일이 아니고 우리 국민이 달라져야 정말 대한민국의 미래가 달라질 것이기 때문에 대학생들을 모두 여덟 개 팀으로 나누어 전국으로 보내서 대한민국의 현실에 대해 조사를 했습니다.

그리고 그 결과를 가지고 여덟 개 팀의 대학생들이 모두 강당에 모여 조사한 결과들을 가지고 발표를 하고 토론을 했습니다. 그런데 그 팀들 중에서 시장에 갔다 온 학생들의 보고가 우리에게는 너무나 충격이었습니다. 시장을 조사한 팀에서 보고를 하는 말이, "똑같은 물건이라도, 상인들의 말로는 국산품이라고 하면 안 팔리는데, 홍콩제라고 하면 가격을 4배나 더 불러도 팔린다고 한다"는 것입니다. 어떻게 보면 국산보다 외제를 더 좋아하는 우리의 사대주의적인 모습의 일면을 보이는 것이기도 하지만, 그렇게 국산을 홍콩제로 속여서 파는 상인들의 부정직한 모습도 충격이었습니다.

춘원 이광수가 이야기한 일곱 번째 문제점은 조선 사람은 질서를 모른다는 것입니다.

조선 사람들은 공중질서를 잘 지키지 않는다, 공공질서 이런 것들이 약하다는 것이 춘원이 지적한 문제점이었습니다. 그러나 춘원이 이야기하던 시절에 비하면 공공질서에 대한 것은 오늘날에는 굉장히 많이 나아졌다고 저는 생각합니다.

여덟 번째 문제점은 절제가 부족하다는 것이었고, 아홉 번째 문제점은 검소하지 않다는 것이었습니다.

그리고 마지막으로 열 번째 문제점은 진실하지 않다, 거짓말을 한다는 것이었습니다.

이 문제는 지금도 마찬가지입니다. 한국의 법정의 고소 사건들은 외국에 비해 지나치게 많습니다. 그 중에서도 특히, 사기 사건 같은 경우는 일본의 15배가 넘는 다고 합니다. 그만큼 많이 속이고 진실하지 않다는 의미입니다.

지금도 우리는 신문이나 방송에서 고위공직자나 정치인들이 뇌물이나 불법 정치자금으로 구속되어 실형을 선고받는 것을 자주 봅니다. 처음에 검찰에 불려갈 때는 안 받았다고 했다가, 조사받고 나올 때면 아무 말도 하지 않는 모습들을 너무 자주 봐왔습니다.

우리나라 정치인들이나 경제인들은 자신들이 성공하는 동안에는 열심히 하는 모습을 보여주었습니다. 그런데 이상하게도 우리 사회의 탑

리더가 되면 하나씩 둘씩 무너지는 모습을 많이 봐왔습니다. 이상하게도 최고 지도자의 자리에 가면 사람들이 하나씩 낙마합니다. 그 전에는 그렇게 똑똑하고 정직하게 보였던 사람들이 이상하게도 최고의 자리에 올라 검증을 받아야 하는 자리에만 서면 그 동안 숨겨왔던 비리들이 다 드러납니다. 또는 그 자리에 오를 때까지는 큰 문제가 없었던 사람들이 높은 자리에 오른 후에는 열이면 일곱 여덟 명이 결국 부정과 부패에 연루되어 조사를 받고 감옥에 가는 것을 너무 자주 보게 됩니다. 똑똑하고 그 분야에서는 최고의 인물이었는데 마지막 최고의 자리에서 형편없이 나가 떨어지고 낙마하는 것을 너무 많이 봅니다.

그 사람들이 왜 최고의 자리에서 자기망신을 시키느냐? 저는 인격 형성, 품성 형성이 제대로 이루어지지 않은 까닭이라고 생각합니다. 인격이나 품성을 무시하고 공부만 잘하고, 기술만 배우고, 머리만 좋고, 능력만 있는 사람들을 최고로 생각하다보니 결국 마지막 순간에 인격과 품성이 문제를 일으키는 것입니다. 그래서 그 많은 훌륭한 사람들이 감옥을 가는 것입니다

우리나라가 지금 당면한 문제는 돈의 문제도 아니고, 지식의 문제도 아니고, 재주의 문제도 아니고, 바로 인격의 문제입니다. 바로 이런 인격의 문제를 춘원 이광수는 〈민족개조론〉에서 조선 사람이 망하게 된 열 가지 문제점들로 지적하였던 것입니다. 저는 한때는 우리 민족의 지도자였던 사람들이 우리 민족의 이런 문제점들을 지적하는 것이 너무 속상합니다. 이 모든 것이 사실이 아니었으면 좋겠습니다.

하지만, 문제점들을 똑바로 쳐다볼 때 그 문제점들을 극복할 해결책들이 생겨나는 법입니다. 문제는 피한다고 해결되는 것이 아니라 맞서서 싸울 때 비로소 해결되는 것입니다.

씨알 함석헌이 본 한국인의 문제점

그 다음으로는 씨알 함석헌 선생이 이야기한 우리 민족의 문제점들을 살펴보겠습니다. 씨알 함석헌 선생은 『뜻으로 본 한국 역사』란 책을 썼습니다. 두 권으로 된 책인데, 우리 역사를 통찰하는 탁월한 성찰이 깃든 책입니다. 함석헌 선생은 이 책에서 한국 사람의 문제점들을 다음의 일곱 가지로 밝혔습니다.

함석헌 선생은 한국 사람의 첫 번째 문제점으로 '독선적'이라는 점을 꼽았습니다.

우리 한국인에게는 '나만 옳고 너희는 다 틀렸다' 이런 독선이 있다는 것을 지적했습니다. 그래서 자기주장을 굽히지 않고 고집을 부리는 문제점이 있다고 이야기했습니다.

두 번째 문제점은 '숙명적'이라는 것입니다.

그냥 숙명에 맡기고 될 대로 되라는 기질이 있다는 것입니다. 우리 수천 년의 역사 속에는 도교의 영향, 무속신앙의 영향이 짙게 깔려 있습니다. 그래서 우리 역사 속에는 알게 모르게 운명론 같은 생각이 깔려 있습니다. 도교를 비롯해 중국에서 들어온 여러 가지 종교적인 영향과 우리 고유의 무속적 샤머니즘의 영향으로 우리 민족에게는 모든 것을 숙명으로 받아들이는 기질이 있는데, 이것이 문제라는 것입니다.

세 번째 문제점은 '비관적'이라는 것입니다.

한국 사람은 자꾸 부정적, 비관적으로 생각하는 경향이 있다는 지적입니다. 좀 더 긍정적으로 생각을 하면 좋은데, 자꾸 부정적으로 생각하는 이 비관적인 경향이 문제라는 것입니다.

네 번째 문제는 너무 '당파적'이라는 것입니다.

우리 역사에서는 당파 싸움이 많았습니다. 이런 당파싸움의 영향으로 임진왜란을 겪기도 했고, 조선의 멸망에 당파싸움도 커다란 원인을 제공하기도 했습니다. 일본에 나라 빼앗긴 것도 4색 당파가 우리끼리 싸우느라 에너지를 다 낭비해서 정작 외세인 일본이 쳐들어올 때는 자기 나라를 지킬 힘도 없었다는 것입니다. 외세에 맞서 온 나라가 한 덩어리가 되어 싸워야 하는데 오히려 우리 안에서 네 쪽으로 나뉘어 싸우고, 오히려 어떤 사람들은 일본 편까지 드는데 어떻게 나라를 지키겠습니까? 함석헌 선생은 우리 민족이 지나치게 당파적이란 문제를 지적했습니다.

다섯 번째 문제점은 약아빠진 민족이라는 것입니다.

사실, 약아빠졌다는 것을 뒤집으면 지혜롭다는 뜻이기도 합니다. 하지만 지혜가 잘못 쓰여질 때 약아빠진 게 되는 겁니다. 사실 우리 민족은 지혜로운 민족입니다. 그래서 약아빠진 것을 지혜로 바꿔야 합니다. 지혜와 약아빠짐은 똑같은 자식인데 하나는 나쁜 방향으로 갔고, 하나는 좋은 방향으로 갔습니다. 똑같은 건데, 나쁘게 가니까 약아빠졌다고 하고, 좋게 가면 지혜롭다고 합니다. 그래서, 이건 방향만 바꾸면 되는 것입니다.

여섯 번째 문제점은 '자기중심적'이라는 것입니다.

우리 민족은 이기적이며, 뭐든지 자기중심적으로 생각하고 행동한다는 의미입니다.

마지막 일곱 번째 문제는 생각하는 힘이 없다는 것입니다.

다시 말해, 사고력이 부족하다는 뜻입니다. 함석헌 선생은 우리가 깊이 생각하지 않고 그냥 행동을 하는 민족이라고 우리의 문제점을 지적했습니다.

도산 안창호가 본 한국인의 문제점

우리나라의 대표적 인물 가운데 도산 안창호 선생이 계십니다. 안창호 선생은 독립운동가 이시고, 우리가 최고로 존경하는 지도자 가운데 한분이십니다. 도산 안창호 선생에 대한 책으로는 춘원 이광수의 『도산 안창호』라는 책과, 주요한 선생이 편저한 『안도산전서』라는 책이 있습니다. 일종의 전기이자 자서전처럼 쓴 책입니다.

그 중 『안도산전서』에 보면, 도산 안창호 선생이 한국 사람에 대해서 언급한 내용 중에 "우리 조상들의 피 속에는 냉정한 피가 흐르고 있다"는 구절이 있습니다. 우리 조상 피 속에 아주 냉정하고 차가운 피가, 잔인한 피가 흐르고 있다고 그렇게 안창호 선생은 지적을 했습니다.

우리가 그렇게 잔인한 민족인가요? 그런데 가만히 생각해 보니까, 한국전쟁 때 동족에게 한 여러 가지 일들을 생각해보면 그 말이 맞는 것 같다는 생각도 듭니다.

뿐만 아니라, 지금 전 세계는 이미 공산주의와 자본주의 싸움 속에서 분단국가 되었던 나라들은 다 통일이 되었는데, 우리 민족만 아직도 유일한 분단국가로 남아 있습니다. 지금도 북한에서는 핵무기를 만들고, 서울을 불바다를 만들겠다고 엄포를 놓고 있습니다. 전 세계에서 우리 민족만 유일하게 분단국가로 세계의 수치를 당하는 민족이 되어 있습니다.

예전에 80년대에 이산가족 찾기운동이 열풍처럼 퍼진 적이 있었습니다. 그리고 결국 그 결과로 마침내 남북한의 이산가족들이 상봉을 하게 되었습니다. 남과 북의 이산가족들이 처음 만났을 때 얼마나 많이 울었습니까. 온 국민이 많이 울었습니다.

저도 이산가족이라 그 모습을 보니까 저도 모르게 눈물이 흘렀습니다. 저는 다행히 미국에 있어서 남들보다 훨씬 일찍 가족을 찾아서 만나기도 했었습니다. 그랬는데도 이산가족들이 만나는 모습을 보니까 펑펑 눈물이 나는 겁니다.

전 세계가 TV를 보면서 서로 감동을 받았습니다. 그런데 한편으로 생각해보니, 다른 나라 사람들은 '저 나라 사람들은 무슨 민족이, 한 피를 나눈 가족인데 5,60년 동안 가족의 생사도 가르쳐 주지도 않고, 만나지도 못하게 하는가? 이제 겨우 만나게 하는 것도 인원 제한을 하는가? 이산가족들은 이제 늙어서 죽어 가는데 그조차도 못 만나게 하고 도대체 무슨 저런 민족이 있나? 저 민족은 어떤 종류의 민족인데 아직도 분단국가인가?' 하고, 막 욕하는 것같은 생각이 들더군요. 한편으로는 감동을 받으면서도 한편으로는 참 부끄러웠습니다.

왜 이렇게 되었을까요? 정말 우리 속에는 잔인한 피가 흐르고 있는 걸까요? 정말 우리 속에 잔인한 피가 흐른다면 그 잔인한 피를 어떻게 따뜻한 피로 수혈을 해야 할까요? 예수 그리스도 안에 그 해답이 있습니다.

예수 그리스도의 사랑의 피로 수혈을 해야 합니다. 만약 우리 안에 정말 그런 잔인한 피가 흐른다면 사랑의 피로 바꾸어야 합니다. 사랑의 피로 수혈하기 전까지는 냉정한 피가 계속 갈 수도 있습니다. 그렇게 되면, 우리끼리 싸우고, 물고 뜯고, 욕하고 우리가 매일 신문에서 보는 것을 계속할 수밖에 없습니다.

장기욱 박사와 이규태 선생이 본 한국인의 문제점

도산 안창호 선생처럼 온 국민이 존경하는 민족의 지도자도 우리에게는 냉정한, 잔인한 피가 흐르고 있다는 문제점을 지적하셨습니다. 도산 안창호 선생같은 분이 "우리 민족에게는 따뜻한 사랑의 피가 흐르고 있다"라고 하셨으면 얼마나 좋을까요? 아마도 저는 "할렐루야!" 하며 화답했을 겁니다. 그런데 안창호 선생처럼 훌륭한 지도자도 그런 말을 할 정도로 우리 민족에게는 잔인하고 냉정한 문제점이 있습니다. 섭섭하고, 가슴이 아픈 지적이지만 인정할 것은 인정하고 고쳐나가야 합니다. 문제는 부정하고 피한다고 해결되는 것이 아니라 문제가 뭔지 정확하게 찾아서 구체적으로 하나씩 고쳐나가야 하기 때문입니다.

옛날에 초대 서울대총장도 하고 문교부장관도 지냈던 장기욱 박사는 자기 책에서 "우리 민족성에는 희생정신이 없다"고 했습니다. 장기욱 박사는 우리 민족의 첫 번째 문제점이, 희생정신이 없는 것이라고 했습니다.

또, 두 번째 문제점으로는 다른 사람을 용납하는 아량이 없다고 했습니다.

다른 사람이 말을 하면 안 받아 준다는 것입니다. 누가 말을 하면 그 말을 들어 주고 '저분은 저렇게 생각을 하는구나' '저 사람과 내 생각은 좀 다르구나' 하고 좀 들어주면 될 텐데, 남이 말하면 무조건 '아니야, 다 틀렸어, 내 말만 옳아' 하고는 안 받아 준다는 것입니다. 이런 문제점이 한국사람 속에 있다고 장기욱 박사는 지적을 했습니다.

세 번째 문제는, 자기 생각과 말만 옳다고 주장한다는 것입니다.

이런 문제들이 장기욱 박사가 자기 책을 통해 우리 민족의 문제점으로 지적하며 안타까워했던 내용들입니다.

이밖에도 조선일보에 오랫동안 〈이규태 칼럼〉을 썼던 이규태 선생도 한국인의 문제점에 대해서 이야기한 것이 있습니다. 〈이규태 칼럼〉 중에 '한국병'이란 시리즈가 있었습니다. 거기에 보면 이규태 선생은 한국인의 문제인 '한국병'으로 '한국인은 위신을 중요시 여긴다', '속 빈 강정', '사대주의' 등의 문제 등을 지적했습니다. 귀담아둘 만한 지적이라는 생각입니다.

서양인의 눈으로 본 한국인의 모습

지금까지는 춘원 이광수, 씨알 함석헌, 도산 안창호, 그리고 장기욱 박사와 이규태 선생 등 국내의 저명한 분들이 바라본 우리들 자신의 문제점과 단점들을 살펴보았습니다. 그러면, 서양 사람들은 한국 사람을 어떻게 보았을까요? 서양 사람들은 한국인에 대해 어떤 인상을 가졌을까요?

참고할 자료 중의 하나로, 파크 아이어라는 사람이 88올림픽 때 한국에 와서 한국인을 관찰한 것을 글로 남긴 것이 있습니다. 파크 아이어가 살펴본 한국인의 모습은 이렇습니다.

첫째, 한국 사람들은 외성적이다(out going)라고 합니다. 일본 사람들은 조용하고 내성적인 반면에 한국인은 굉장히 외성적인 사람들이라고 평가했습니다.

둘째, 한국인은 굉장히 감성적이다(emotional)라고 합니다. 금방 화내고, 금방 웃고, 아주 감정적인 사람이라고 썼습니다.

셋째, 한국 사람은 언제나 싸울 준비가 되어 있다(rough ready)고 했습니다.

그리고 넷째로는 한국사람은 잘 웃는다(smiling)고 썼습니다.

다섯째, 한국사람은 말할 때 툭툭 치는 특징이 있다고 썼습니다.

한국 사람끼리는 말을 하다보면 팔을 툭툭 치기도 하고, 등을 두드리고, 잘 치는 편입니다. 그런데 이게 서양 사람의 눈에는 아주 이상하게 보였나 봅니다.

사실 서양에서는 다른 사람을 치는 건 폭력의 일종이라고 보기도 합니다. 프랑스에서는 학교에서 훈련할 때 선생님이 두 아이를 세워놓고 말로 토론하며 싸우게 합니다. 논쟁하게 만드는 것인데, 이 때 논쟁할 때 손은 반드시 뒷짐을 지고 마주 앉아서 말로 싸우지 손은 절대 사용을 못하게 합니다. 프랑스인들에게 언론의 자유는 있지만, 절대 주먹의 자유는 없습니다. 서양 사람들을 조금만 건드리면 바로 고소를 당합니다.

미국의 한국인 이민자들도 이것 때문에 고생을 많이 했습니다. 한인 가게에서 도둑질 하는 사람을 보고 밀었다가 오히려 한국인이 폭행죄로 재판에 간 것을 여러 번 보았습니다. 그래서 제가 미국에서 목회할 때는 이 점을 특히 조심시켰습니다.

파크 아이어가 기록한 한국인의 특징으로 여섯째는, 한국인은 유머가 있고 잘 웃긴다는 것입니다.

일곱째는 한국인은 시끄럽다고 했습니다. 한국인은 예의 없이 큰 소리로 이야기하기를 좋아한다는 것입니다. 우리에게는 자연스러운 큰소리 문화가 상대방을 존중하는 서양인에게는 예의 없는 것으로 비치기도 하는 것입니다.

여덟째, 한국인은 따뜻한 정이 있다고 썼습니다. 한국인이 정이 많은 것이야 우리들도 잘 아는 내용입니다.

그리고 마지막, 한국 사람은 싸움을 잘한다고 썼습니다. 한국인은 자주 싸우기도 하고, 또 일단 싸우면 잘 싸우기도 하지요. 그만큼 흥분을 잘한다는 것이기도 하고, 열정적이기도 하다는 뜻일 것입니다.

파크 아이어가 88올림픽 기간 동안 한국인을 살펴보고 기록한 한국인의 특징은 위와 같은 것들이었습니다.

지금까지 우리나라 지도자들은 우리들 자신을 어떻게 보고 있는지, 또 반대로 서양 사람은 우리들을 어떻게 보는지를 살펴보았습니다. 이런 문제점들이나 판단들이 절대적으로 옳은 것은 아닐 것입니다. 개인적인 주관과 판단으로 생각한 것들도 있을 수 있습니다. 하지만, 이들의 판단과 지적들을 가만히 들여다보면, 우리 자신도 인정하게 되는 우리 한국인들의 인격, 품성, 기질, 문제점들이 보이는 것도 사실입니다.

중요한 것은 다른 사람의 눈을 통해서 우리들 자신을 겸손하게 들여다보는 일입니다. 또한 문제점으로 지적된 부분들에 대해서 겸허하게 받아들일 줄 아는 자세입니다. 문제가 무엇인지를 정확하게 파악하는 것만으로도 완벽한 인격 만들기의 절반 정도는 성공한 것이나 다름없습니다.

문제를 알면 고칠 수 있는 방법과 노력이 있지만, 문제가 뭔지조차 모른
다면 문제를 고칠 기회조차 없기 때문입니다.

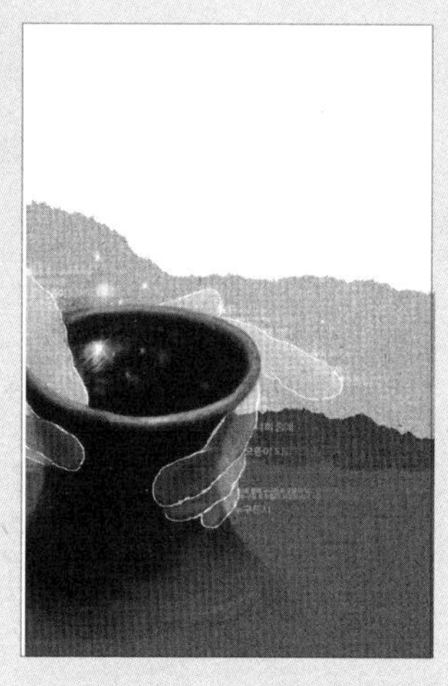

우리 국민들에게도 장점들이 많습니다. 이 장점들을 그대로 계승 발전하고 우리의 단점이 무엇인지 정확히 파악해서 단점 부분만 보완만 하면 한국이 지금보다 더욱 눈부신 발전을 할 것입니다. 물질과 문명만 발전하는 것이 아니라 인간과 문화가 발전할 수 있는 무궁한 가능성이 있습니다.

제3장

한국 사람의 장점과 단점

탁월한 인격을 만들기 위해서는 무엇이 필요할까요? 어떻게 하면 한국 사람들이 탁월한 인격을 형성할 수 있을까요?

우리 한국 사람들에게는 많은 장점들이 있습니다. 그 장점들이 다 모여서 오늘의 한국이 되었습니다. 대한민국이 세계적인 국가가 되었습니다.

그런데 사실 우리에게는 단점들이 있습니다. 우리가 알고 있지만 잘 고치지 못하는 단점들과, 또는 우리 자신은 잘 깨닫지 못하는 인격적 단점 때문에 발목을 잡히고 있는 것입니다.

인격은 세대를 거쳐 축적되지 않는다

세계 사람들은 한국산 자동차를 좋아합니다. 컴퓨터도 좋아하고, 핸드폰과 전자제품도 좋아합니다. 가격은 비교적 싼 편인데 성능은 최고의 성능입니다. 그래서 외국인들도 한국 물건은 좋아하는데 한국 사람은 별로 안 좋아합니다. 한국 제품은 좋아하고, 한국 사람의 돈은 좋아하는데, 정작 한국 사람을 만나면 한국 사람을 존경하지는 않습니다.

왜 그럴까요? 저는 한국 사람의 인격 문제 때문이라고 생각합니다. 그게 가장 큰 문제입니다. 기술과 지식은 축적되는데, 인격은 축적이 되지 않기 때문입니다. 지식은 발전하는 만큼 축적이 되고 그 축적된 지식을 바탕으로 그 다음 사람이 더 발전시킬 수 있습니다. 지식과 기술은 축적이 됩니다. 돈도 마찬가지입니다. 벌 때도 있고 잃을 때도 있겠지만 어쨌거나 돈도 축적이 됩니다. 하지만, 단 한 가지 축적이 되지 않는 것이 있습니다. 그것은 바로 사람의 인격입니다.

사람의 성품, 사람의 인격만은 축적이 안 됩니다. 조부모나 부모가 훌륭한 인격을 가진 분이라고 해서 그 자녀가 그 훌륭한 인품을 타고 나고 그 위에 더 훌륭한 인품으로 자라나지는 않습니다. 인품은 타고난 성격 위에 교육과 훈련, 그리고 성장환경과 본인의 의지 등을 통해 계속 다듬고 개발해야 훌륭한 인품으로 자라납니다.

우리가 이제 예수님을 믿고 구원을 받아서, 많은 공부를 하고 수련을 해서 우리가 태어났을 때보다 훨씬 더 성숙한 인격으로 발전했습니다. 그래서 어느 날 칠십이 되고, 팔십이 되어 그때는 지금보다 더 원숙한 인격의 성숙을 이루었다고 상상해봅시다. 그 사이 많은 인생의 어려움과 고통을 겪었고, 그런 인생 경험을 통해서 많이 배우고 느끼고, 또 하나님 앞에 회개해서 인격적으로나 신앙적으로 많은 발전을 했습니다. 그러나 칠십 팔십을 지나 언젠가 하나님 앞으로 부름을 받을 때는 우리가 가진 인격적 신앙적 성숙은 모두 우리가 가져가 버리는 것입니다. 돈이나 지식처럼 할아버지 할머니의 아름다운 모습을 손자에게 물려주고, '너희들은 할아버지 할머니가 이뤄놓은 인격적 성숙 위에 더 나은 성숙을 가지거라' 해주고 싶어도 불가능합니다. 인격은 축적이 되지 않기 때문입니다.

할머니 할아버지가 수십 년 동안 배우고 느끼고, 성장하고 성숙해진 것을 몽땅 유산으로 물려주고 갈 수 있다면 좋겠는데, 하나님 나라에 갈 때는 몽땅 가져가 버리고 우리 손자와 손녀들은 우리가 옛날에 시작한 0에서부터 다시 시작해서 abcd 기초를 배워야 합니다. 그들 스스로 배우고 훈련해서 인격적 영적 성숙을 이루어야 합니다.

사람이 축적이 안 되고 인격이 축적이 안 되니까 나라가 발전이 안 됩니다. 제가 학생 때 우리나라의 국회와 정치 모습과, 제 나이 칠십이 넘은 지금의 정치가 크게 다르지 않습니다. 그때와 똑같을 뿐만 아니라, 어떤 면에서는 오히려 후퇴한 부분도 있습니다. 사람이 축적이 안 되고 인격이 축적이 안 되는 까닭입니다.

그래서 인간은 세대마다 발전을 해야 합니다. 한 개인의 인격이 다른 개인에게로 유전되거나 축적되지는 않지만, 그 개인들이 모인 공동체의 문화는 축적이 됩니다. 개개인들의 인격이 성숙하고 그 개인들이 속한 공동체가 성숙하면 그것이 하나의 문화가 되어 공동체의 인격은 성숙합니다. 그런 문화가 성숙되면 그 문화마다 어느 정도 공동체의 인격에 평균치가 생기고 그 평균치로부터 더 성장할 수 있는 토대가 생기게 됩니다. 이런 공동체의 인격은 성장하기도 하고 퇴보하기도 합니다.

예를 든다면, 여성과 어린아이들을 우선하는 영국의 문화나, 일반인보다 장애인을 더 우선하는 미국의 문화 등이 그렇습니다. 우리나라도 젊은이보다는 노인들을 더 우선하고 배려하는 문화가 있습니다. 그래서 외국인들이 한국에 와서 종종 놀라는 것 중의 하나가 지하철이나 버스에 경로우대석이 있는 것입니다.

개인의 인격은 축적되지 않지만 공동체의 문화는 축적된다

저는 개개인의 인격이 다른 개인에게로 축적되지는 못하지만, 그 개인들이 속한 공동체의 인격은 성숙하기도 하고, 축적되기도 하므로 이런 공동체의 문화가 점점 평균치가 놓아져서 점점 성장했으면 좋겠다고 생각합니다. 각자마다 태어나서 죽을 때까지 계속적으로 그리고 개인적으로 축적을 한 인격이 하나의 공동체 문화가 되어서 점점 평균치가 높아지고 성장할 수 있었으면 좋겠다고 생각합니다.

예를 들어 보면, 브라질이 축구를 잘 합니다. 브라질 축구선수들이 축구를 잘할 뿐만 아니라 브라질 국민들도 축구를 잘 합니다. 브라질의 축구 수준은 세계 최강입니다. 그런데 브라질 사람들이 축구를 잘한다고 해서, 브라질 사람들을 훌륭하다고 말하지는 않습니다. 그저 브라질은 축구를 잘한다고 말할 뿐이지요. 축구를 잘한다고 해서 다른 인격적 면, 인간관계의 면, 도덕적인 면에서 브라질이 다른 나라보다 월등히 뛰어난 것은 아니기 때문입니다. 그래서 축구를 잘한다고 해서 브라질 사람을 존경하지는 않습니다. 브라질을 예로 들긴 했지만, 이것은 어느 나라나 다 그렇습니다.

개개인의 성숙된 인격이 하나의 공동체 문화가 되어 공동체적 인격으로 드러나는 경우를 우리는 유럽에서 가끔 보게 됩니다. 유럽 사람들의 경우는 좋은 인격이 하나의 문화가 되어서 아이들이 태어나면 집에서부터 벌써 부모로부터 웬 만큼의 교양과 인격에 대한 교육을 받습니다. 그래서 사람에 대한 태도와 인격적 관계가 이런 것들이 자연스럽게 성립이 되어서 하나의 공통의 문화가 되니까 나중에 아이들이 자라면 인격도 발전을 해서 유럽 사람들은 상대를 배려하고 약자를 보호하는 문화가 자연스럽게 몸에 배어 있는 것을 보게 됩니다. 이런 공동체적 인격이 결국 세계의 존경을 받게 되는 것이죠.

우리나라의 공동체 문화도 많은 장점이 있습니다. 예를 들어 앞서 제가 언급한 노인을 공경하는 문화라든지, 국가적 위기가 있을 때 온 국민이 일치단결하여 합심하는 공동체적 인격이 있습니다. 우리는 이런 우리들 자신의 장점을 1997년 IMF 구제금융 때 금모으기 운동이나, 2002년 한일월드컵 때 온 국민이 하나된 길거리응원 등으로 확인한 바 있습니다.

이처럼 우리 국민들에게도 장점들이 많습니다. 이 장점들을 그대로 계승 발전하고 우리의 단점이 무엇인지 정확히 파악해서 단점 부분만 보완만 하면 한국이 지금보다 더욱 눈부신 발전을 할 것입니다. 물질과 문명만 발전하는 것이 아니라 인간과 문화가 발전할 수 있는 무궁한 가능성이 있습니다.

그래서 지금부터는 어느 것이 우리의 장점이고, 무엇이 우리의 단점인지 살펴보고 그 단점들을 고칠 수 있는 방법들을 살펴보겠습니다. 그래서 그 단점들을 고치려면 어떤 모델들을 가지고 개선해야 하는지도 함께 살펴보려고 합니다.

　제가 여러해 전부터 이러한 문제들로 고민을 많이 했습니다. 우리나라 사람들을 만나서 대화를 하다보면 반드시 그 대화 속에서 다른 사람을 비난하는 말들이 있습니다. 거의 예외 없이 다른 사람들의 얘기를 많이 하고 비판을 많이 합니다. 그래서 그런 비판들을 하도 많이 들어서 도대체 뭘 비판을 하는지를 제가 수첩에다 하나씩 적기 시작했습니다. 그걸 다 모아보니 스무 가지 정도 되더군요. 그래서 제가 잘 아는 사회학 교수에게 그 자료를 주면서 여론조사를 만들어 달라고 부탁을 했습니다. 그래서 그 교수님이 제가 드린 자료를 기초로 해서 600명을 대상으로 조사를 해봤습니다.

　조사의 내용은 이런 내용들입니다. "여러분은 한국 사람의 장점이 무엇이라 생각하십니까?. 여러분은 한국 사람의 단점이 무엇이라 생각하십니까? 아래의 스무 가지 중에서 번호를 매겨 주세요." 이런 내용의 설문 문항을 가지고 조사를 해봤습니다. 그래서 한국 사람의 가장 큰 장점이라고 생각하는 것부터 1,2,3,4,5 이렇게 순서를 매겼고, 한국 사람들이 꼭 고쳐야할 단점이라고 생각하는 것이 무엇인지 1,2,3,4,5 순서대로 번호를 매겨 보았습니다.

한국인 스스로 본 한국인의 장점

　앞서의 내용에서 우리는 이미 이광수, 함석헌, 장기욱, 안창호, 이규태 등등 한국의 지도자들이나 한국을 연구한 대표적인 분들이 한국 사람을 어떻게 평가하는지 장점과 단점을 살펴보았습니다. 그런데 이번에는 그것을 지도자 몇 분이 아니라 600명의 사람들에게 물어서 통계를 내본 것입니다.

지금까지는 여러 지도자들이 나는 한국 사람들에 대해 이렇게 생각한다고 하는 내용들을 살펴봤었는데, 주관적인 평가 말고 좀더 객관적인 조사를 할 수는 없을까 해서 수업 시간을 이용해 통계를 내본 것입니다. 그래서 600명을 상대로 통계를 내 보니까 이런 통계가 나왔습니다.

한국 사람의 장점이 무엇이냐를 묻는 질문에 600명이 답변한 내용은, 다수가 응답한 순서대로 아래와 같습니다.

600명이 응답한 한국 사람의 **첫 번째 장점**은, 한국 사람은 적극성이 있다는 것입니다.

다시 말하면 열정이 있습니다. 60명의 응답자 중에서 74%가 이 적극성이 한국인의 장점이라고 응답했습니다. 이 적극성 때문에 우리나라가 잘 되는 것이라고 대답했습니다.

두 번째 장점은 인내심이 있다는 것입니다.

정확한 통계가 맞는지는 잘 모르겠지만, 약 70%의 응답자가 한국인은 인내심이 있다는 것을 장점으로 꼽았습니다. 어떠한 환경, 어떠한 어려움에서도 인내심을 가지고 이겨내는 것이 한국인의 장점이라는 것입니다.

세 번째 장점은 교육열이 강하다는 것입니다.

제가 26년간의 미국 유학생활과 목회 생활을 마치고 한국에 나오니까 제가 섬기는 할렐루야교회에 고3학생이 약 이백 명이 있더군요. 그래서 수능을 앞두고 고3학생들을 위한 특별기도회를 열었는데, 세상에 고3학생은 이백 명인데, 기도회에는 학생들의 부모와 가족들이 다 나와서 모두 천사백 명의 교인들이 모여서 아이들의 시험공부와 수능을 위해 기도했습니다. 고3학생들을 위한 특별기도회의 모임 열기가 얼마나 대단하고 뜨거운지 제가 다 깜짝 놀랄 정도였습니다. 얼마나 많은 기도제목들이 쏟아져 나오고, 얼마나 뜨겁게들 기도하는지 저는 미국에서 26년을 살면서 저도 아이들을 위해 기도했고, 아이들을 대학에 보냈습니다만, 저는 한번도 그렇게 뜨겁게 기도해본 적도, 기도하는 모습을 본 적도 없었습니다. 그러니 제가 깜짝 놀랐지요.

그런데 나중에 이 아이들이 시험을 보고나서 몇 명이 자신들이 원하는 대학에 합격했는가를 확인해보니 200명 가운데 15%만 원하는 대학에 붙었더군요. 나머지 85%의 아이들이 대학 입시에서 떨어지거나 원하는 대학이 아닌 다른 대학에 들어갔다고 합니다. 그런데 문제는 200명의 아이들 모두 죽도록 열심히 공부했는데, 대학에서 떨어진 아이들은 그 다음부터는 교회에 나오질 않는 겁니다. 그런데 이건 문제가 있는 겁니다. 합격했다고 교회에 계속 나오고 떨어졌다고 교회에 안 나오는 것은 하나님이 기뻐하시는 일이 아닙니다.

그때 뭘 느꼈느냐 하면, '아, 한국 학생들은 죽도록 공부해야 떨어질 자격도 있구나' 하는 걸 느꼈습니다. 우리집 아이들도 미국에서 공부해서 모두 대학에 갔는데, 저는 한번도 우리 아이들이 죽도록 공부하는 모습을 본 적이 없습니다. 그런데도 모두 대학 가서 졸업하고 직장생활을 잘하고 있습니다.

　그런데 한국은 교육열이 너무 많아서 죽도록 공부하고도 대학에 떨어지는 겁니다. 그러니 아이들이 상처가 얼마나 많겠습니까. 참으로 안타까운 일이 아닐 수 없습니다. 그러나 그럼에도 불구하고, 감사한 것은 죽도록 공부했기 때문에 우리 국민에게 남은 것은 머리밖에 없습니다. 정말 죽도록 공부한 경험이 있기 때문에 미국에 유학을 가서도 공부를 잘합니다. 미국에 이민을 가도 죽도록 열심히 일해서 금방 일어납니다. 미국 문화도 잘 배우고, 영어도 금방 배우고, 한국 아이들은 미국에서도 공부를 잘합니다.

　이것은 우리의 장점입니다. 높은 교육열과, 죽기 살기로 공부하는 머리, 이것이 바로 한국 사람의 장점입니다. 그래서 지금까지 우리는 한국의 두뇌를 개발하고, 지식과 기술을 개발하고, 이래서 한국 사람은 오직 머리로 여기까지 온 것입니다. 우리가 자원이 있습니까, 뭐가 있습니까? 우리가 오직 믿을 수 있는 것은 머리밖에 없습니다. 그래서 우리는 앞으로도 계속 공부시켜야 합니다. 교육에 투자하고 사람에 투자해야 합니다.

　사실, 여러분과 저도 열심히 공부한 사람입니다. 그래서 결국 우리가 하나님의 은혜로 지금 사회적으로 섬기고 봉사할 수 있는 사람들이 된 것입니다. 이것이 우리의 장점입니다.

　우리 부모님들은 비록 가난하고, 무식하고, 돈이 없었지만 교육열은 있었습니다. 우리 부모님의 이런 교육열이 오늘의 우리를 만들고 오늘의 우리나라를 만든 것입니다. 마찬가지로, 지금 우리의 교육열과 우리가 우리 자녀들에게 하는 투자가 내일의 우리 자녀들을 만들고 내일의 우리 대한민국을 만들어나갈 것입니다.

그래서 높은 교육열은 한국 사람의 큰 장점이고, 앞으로도 계속 교육에 더 많은 관심과 투자를 기울여야 합니다. 그래서 한국 사람의 머리로 세계와 경쟁을 하면 우리나라가 계속 지식과 기술적으로 발전을 할 수 있습니다. 그리고 여기에 인격적으로 더욱 변화하고 성숙하면 이제 세계가 한국의 물건이나 기술만이 아니라, 한국 사람을 인정하는 그런 나라가 될 수 있습니다.

네 번째 장점은, 경로사상이 있다는 것입니다.

아직까지 우리에게는 어른들을 공경하고 섬기는 문화가 있습니다. 부모를 돌보는 것은 자식의 책임이요, 어른을 돌보는 것은 사회의 책임이라는 공감대가 있습니다. 시간이 지날수록 이런 책임감들이 조금씩 엷어지는 것이 문제이기는 하지만, 아직 세계와 견주어봤을 때 어디에 내놓아도 당당하고 자랑스러운 부모 공경, 노인 공경의 경로사상이 우리에게는 있습니다. 전 세계에 지하철과 버스에 경로우대석이 있는 나라는 우리나라뿐입니다.

교회 안에서도 노인을 공경하는 문화가 있습니다. 원로 목사님이나 은퇴한 목사님들은 교회 공동체에서 책임을 지고, 교회의 장로님들을 존중하고 공경하는 문화가 교회 안에 있습니다. 다른 곳은 몰라도 교회에서만큼은 나이 드신 신앙의 원로들을 존중합니다.

젊은 사람들은 알아서 어른을 공경하고, 어른들이라고 젊은이들을 무시하지 않고 존중하는 그런 문화, 일종의 사회적 질서가 우리에게는 있습니다. 이것은 세계에 내놓고 자랑해도 좋을 우리의 커다란 장점입니다. 약 68%가 이 노인 공경, 경로사상을 한국인의 장점으로 꼽았습니다.

　　다섯 번째 장점은, 한국 사람은 은혜를 안다는 것입니다.

　　한국 사람들은 은혜를 알고 삽니다. 은혜를 입힌 사람에 대한 고마움을 알며, 그 은혜에 감사할 줄 안다는 것입니다. 이런 대표적인 것이 어버이날이나 스승의 날 같은 날들입니다. 달력 중에 이렇게 부모나 스승의 은혜에 감사하는 날을 넣어도 아무렇지도 않고 자연스럽게 여길 정도로, 우리 한국 사람들은 은혜에 감사하는 마음이 있는데, 이것이 한국인이 가진 장점 중의 하나라는 이야기입니다.

　　여섯 번째 장점은, 한국 사람은 책임감이 있다는 것입니다.

　　한국 사람은 무슨 일을 맡으면 책임감 있게 최선을 다해 열심히 일을 합니다. 이런 한국인의 모습이 가장 잘 나타나는 곳이, 해외 건설현장입니다. 외국인들은 퇴근시간이 되면 딱 일을 그만 두는 반면, 한국인들은 공장을 짓든, 도로를 놓든 뭘하든 간에 공사가 완성될 때까지 밤낮 없이 일합니다.

　　교회에서도 마찬가지입니다. 한국인들은 자기 맡은 일을 정말 착실하게 잘 합니다. 성경학교 교사이건 교회 주차장 봉사이건 한국인 집사님 장로님들처럼 열심히 하는 분들은 드뭅니다. 제가 보기엔, 세계 어느 교회보다도 한국교회 성도들의 수준이 높습니다. 우리나라의 서리집사님의 열심이면 다른 나라에선 거의 목사님이 모여주시는 열심입니다. 그만큼 한국교인들은 열심과 실력이 있습니다. 충분히 자부심을 가져도 좋습니다.

이밖에도 많은 한국인의 성품들을 장점으로 꼽았는데, 쭉 살펴보면 다음과 같습니다.

한국인의 장점 일곱 번째, 결단력이 있다. 여덟 번째, 꾸준하다. 아홉 번째, 실천력이 있다. 한국인들은 이런 것들을 스스로 장점으로 보고 이런 장점들 때문에 우리나라가 발전한다고 생각하고 있습니다.

그리고 마지막 열 번째 장점은, 한국 사람들은 정이 많다는 것입니다.

잘 아시다시피 저는 미국에서 오래 살았습니다. 그런데 저는 한국인 목회를 시작한 것이 아니라, 처음 9년은 미국인 교회에서 목회를 했습니다. 그러다가 나중에 한국인 교회에서 목회를 했습니다. 그러다보니 비교하고 싶지 않아도, 자연스럽게 미국인 교회와 한국인 교회의 차이점을 알게 되었습니다.

미국교회를 할 때 느낀 것은, 미국사람들은 매우 예의 바르고 정중한데 정은 없습니다. 미국인들은 다 개인주의에 익숙해서 남에게 간섭을 안 하고, 목사를 힘들게 하지도 않습니다. 그런데 처음 한국교회를 가니까 처음 가는 날부터 얼마나 정이 많은지 한국 교인의 사랑에 제가 녹아 버렸습니다. 한국인들은 확실히 정이 많더군요.

그런데 문제는, 조금만 삐끗하면 화를 냅니다. 많은 정을 준만큼, 조금만 잘못하면 화를 내고, 섭섭해 하고, 문제가 생깁니다. 한국인이 정이 많은 것은 장점이면서 동시에 단점이 될 수 있습니다.

동전에는 언제나 양면이 있고, 우리가 흔히 '양날의 칼'이라는 말을 쓰지 않습니까? 잘만 쓰면 사람을 살리는 의사의 칼이 될 수도 있고, 잘못 쓰면 사람을 죽이는 살인자의 칼이 될 수도 있습니다.

지금까지 살펴본 것처럼 우리에게는 많은 장점들이 있습니다. 우리는 이런 우리의 장점이 계속 발전해서 한국을 밀고 나가도록 하면 됩니다. 그런데 문제는 이런 장점들이 대한민국이 계속 발전해나가도록 밀고 나가는 반면, 우리의 단점이 또 뒤에서 끌어당기는 문제가 있는 것입니다. 안타까운 일입니다.

우리에게는 많은 장점들이 있습니다. 그래서 앞으로는 우리가 잘 알고 있거나 혹은 잘 알지 못하는 단점들을 정확하게 알아서 단점을 보완한다면 우리나라는 더 발전할 수 있습니다. 우리가 가진 인격적 단점들을 정확히 알고 보완하고 훈련해서 개발하면, 지금 뛰어가고 있는 대한민국이 뛰는 걸 넘어, 날아가는 대한민국이 되도록 변화시킬 수 있습니다. 그런 자랑스러운 나라가 되었으면 좋겠습니다.

한국인 스스로 본 한국인의 단점

지금까지는 우리 한국 사람들은 우리들 자신의 어떤 성품을 장점으로 보는가를 살펴보았습니다. 이번엔 반대로, 어떤 부분을 한국 사람들이 부정적으로 보는가에 대해서 살펴보도록 하겠습니다. 한국인 600명에게 물은 한국인의 단점은 다음과 같습니다.

첫째, 한국 사람은 협동심이 없다.

모두 68%의 응답자들이 협동심 부족을 한국인의 단점 1위로 꼽았습니다. 우리 한국 사람들은 혼자서는 잘하는데 둘 셋이 모이면 일이 안 되고, 싸우고 갈라서서 같이 일하지 못한다는 것입니다. 한국 사람들은 모두 독불장군입니다. 혼자서는 뭐든 잘 합니다. 그런데 붙여 놓으면 오히려 잘 못합니다.

선교사도 마찬가지입니다. 혼자 보내놓으면 전 세계의 정글이건 어떤 오지에 가서도 얼마나 선교를 잘하는지 모릅니다. 그런데 붙여 놓으면 오히려 선교를 잘 못합니다. 의견 차이로 갈등하고 싸우느라 오히려 문제가 생기는 게 다반사입니다.

다른 나라 선교사도 그러냐? 꼭 그렇지는 않습니다. 오히려 개인 선교사의 선교사역보다는 팀 선교가 더 보편화되어 있습니다. 그런데 한국 선교사만 한국 선교사들끼리도 잘 화합 못하고, 다른 나라 선교사들과도 잘 화합 못합니다. 이런 것을 보면, 이것은 한국인의 성품의 문제, 인격의 문제가 확실하다는 게 제 생각입니다.

협동심이 없다, 이건 정말 심각한 문제입니다. 이 문제를 깊이 인식하고, 어떻게 공동체생활과 협력을 잘할 수 있는지 깊이 고민해야 합니다. 협동과 단결을 잘 이끌어낼 수 있는 방법에 대해 연구해야 합니다. 어떻게 배우고, 어떻게 행동을 해야 서로 협력을 할 수 있나? 이런 것들을 연구하고, 배우고, 개발하고, 발전시켜야 합니다.

둘째, 한국 사람은 이기적이다.

응답자의 60%가 한국 사람은 이기적이고, 자기중심적이라는 것을 한국인의 단점으로 꼽았습니다. 한국 사람은 자기가 절대자입니다. 다른 사람은 다 넌센스라고 생각합니다. 그래서 내 방법, 내 생각이 아니면 안 되고, 내가 하라는 대로 하지 않으면 안 됩니다. 그래서 많은 사람들이 한국 사람은 너무 이기적이고 자기중심적인 것이 단점이라고 지적을 했습니다.

우리는 이제 이런 우리 자신들의 단점들에 대해 정확히 알고 인식을 해야 합니다. '아, 우리의 협동심에 문제가 있구나' 인정해야 합니다. 원래 이기적인 것은 인간의 본성입니다. 누구나 다른 사람이 아닌 자기 자신에게 가장 이로운 쪽으로 생각하고 행복하는 것이 자연스러운 본성입니다. 모든 사람의 근본 속에 이런 이기심이 있는데 우리가 좀더 강하다는 것입니다.

이 부분을 의식하면서, 어떻게 하면 좀더 이타적이 될 수 있을까, 남을 먼저 생각하고 섬길수 있을까, 어떻게 하면 도움이 될까, 이런 쪽으로 먼저 생각하고 인격을 개발을 하면 앞으로 우리나라는 더욱 더 잘되고 발전할 수 있습니다.

셋째, 한국 사람은 정직하지 않다.

이건 우리가 새삼스럽게 말할 필요가 없는 부분입니다. 고위 공직자들 인사청문회나 국회 청문회 같은데 가서 보면, 다 안했다고 합니다. 그런데 조사해보면 다 했습니다. 논문 표절하고, 위장전입하고, 부동산투기하고… 할 건 다 해놓고, 끝까지 안 했다, 기억이 안 난다고 우깁니다. 한국 사람들이 정직하지 않다고 하는 대표적인 경우입니다.

그런데 그분들이 어떤 사람들입니까? 한국의 최고의 인물들입니다. 최고 학부 나왔고, 최고 능력과 지식을 가지고, 최고의 자리에 오른 분들입니다. 그런데 우리는 언제 망하나? 최고 자리에 가면 망합니다. 우리는 최고 자리에 가면 망하는 민족입니다. 최고 자리에 가기 전까지는 다 잘 올라왔습니다. 그런데 높은 자리에 가기만 하면 그동안 정직하지 않은 모든 것들이 드러나서 마지막에 다 무너지고 맙니다.

우리 사회의 가장 큰 문제 중 하나는 이런 최고의 인물들이 정직하지 않다는 것입니다. 배운 것도 많고, 아는 것도 많고, 좋은 학벌에 좋은 경력도 가졌는데, 문제는 인격입니다. 인격적으로 문제가 있는 겁니다. 부정직하고 부정한 겁니다. 지식은 많은데 인격에 결함이 있는 겁니다.

그래서 인생을 살면서 성공했다고 할 수 있는 최고의 자리에 가서 한꺼번에 무너지는 것이 우리의 현실입니다. 이런 경우를 너무나 자주 봅니다. 그래서 이제는 지식을 쌓고 경력을 쌓고 이런 것 이전에 인격부터 먼저 닦아야 합니다. 정직부터 먼저 배워야 합니다. 그래야 마지막 최고의 순간에 무너지는 것을 막을 수 있습니다. 이런 중요한 단점들을 몇 가지 보완만 하면 우리 한국이 세계적 민족이 될 수 있습니다. 그리고 세계적인 민족이 되어야 합니다. 그것이 우리의 소망입니다.

넷째, 한국 사람은 비판적이다.

57%의 응답자들이 한국 사람들은 남을 너무 많이 비판한다는 것을 한국인의 단점으로 꼽았습니다. 한국 사람들은 만나면 남에 대한 좋지 않은 애기들을 너무 많이 합니다. 그래서 오래 만나고, 편안할 때까지 만나면 안 된다는 생각까지 들 때가 있습니다. 이사람, 저사람 계속 남을 비판하니까 우리가 다 비판적인 사람이 되어 버립니다.

남을 칭찬하는 사람이나, 감사하는 사람을 만나 칭찬과 감사 같은 긍정적인 감정을 나누어야 하는데 그렇지 않고 남을 비판하는 이야기만 하고 남의 비판을 듣기만 하니까 나도 짜증나고, 남도 속상합니다. 스트레스만 쌓입니다.

신문을 봐도 마찬가지입니다. 신문을 봐도 전부 누군가를 비판하는 기사밖에 없습니다. 그래서 언제가 가장 편안한 날이냐? 신문을 안 보는 날이 제일 마음이 편한 날입니다. 왜냐 하면, 신문의 앞 페이지 전부가 누군가를 비판하는 기사들이라서 그렇습니다. 그러니 화만 나고 스트레스만 쌓입니다.

제가 예전에는 신문을 여러 개를 읽었는데 지금은 하나밖에 안 읽습니다. 남을 비난하는 기사를 세 번, 네 번 읽어야 하니까 머리가 아프고 정신건강에 이롭지 않더군요. 그래서 요즘은 가능하면 저녁에 신문 읽으려고 합니다. 하루 종일 기분이 나쁘기보다는 잠자기 직전 잠깐 기분이 나쁜 게 차라리 나으니까 그렇습니다. 요즘은 신문이나 TV를 보지 않는 날이 제게는 평화의 날입니다.

우리 한국 사람들은 비판해도 모질게 비판을 합니다. 특히, 선거철 되면 엄청납니다. 서로 상대방을 모질게 비판하고, 서로 상대방을 더 나쁘게 만들고 이러니까 마음에 평화가 없어지고 갈등만 많아집니다. 그래서 국민들의 정신건강도 더 나빠집니다. 정치란 게 원래 국민을 편하게 하자고 하는 건데, 이상하게 요즘은 정치 때문에 국민의 정신건강이 더 나빠집니다. 부디 정치가 국민들의 정신건강을 좀더 편안하게 해주는 날이 왔으면 좋겠습니다.

비판성은 있어야 합니다. 문제를 분석할 줄 알고, 옳고 그른 것을 분별할 줄 아는 비판성은 필요합니다. 그러나 막무가내로 아무 말이나 하면서 심하게 비판을 하는 것은 인간관계를 다 깨뜨립니다. 인간은 사회적인 동물입니다. 모여서 살고, 모여 살아야 더 힘이 나는 존재입니다. 인간이 힘을 합해야 발전을 하는데 비판은 서로 산산조각을 냅니다. 비판은 시너지효과를 깨뜨리는 최고의 독입니다.

다섯째, 한국 사람은 의리가 없다.

52%가 지적했습니다. 한국 사람은 의리가 없이 금방 마음이 변하는

것이 단점입니다. 얼마 전까지 동지였던 사람들이 하루아침에 돌변해서 적이 됩니다. 나에게 맞지 않으면 언제든 뒤집습니다. 나한테 이익이 되지 않으면 언제든 돌아섭니다. 이것은 한국 사람들이 꼭 고쳐야 할 커다란 단점 중의 하나입니다.

여섯째, 한국 사람은 사람을 존중하지 않는다.

50%가 응답했습니다. 한국 사람은 사람을 귀하게 여기지 않고, 무시한다고 합니다. 제 생각으로는 한국은 조그마한 땅에 사람이 너무 많아서 그러는 것이 아닌가 생각합니다. 사람이 너무 많다 보니까 사람 소중한 것을 모르는 것입니다. 그래서 사람을 소중하게 여기지 않는 것입니다.

사람을 소중하게 여기는 방법은 예수님의 방법밖에 없습니다. 예수님은 소자 한 사람이 온 우주보다 더 소중하다고 가르치신 분입니다. 이런 예수 그리스도의 신앙과 사랑이라야 인간 한 사람을 우주보다 더 소중하고, 가치 있게 보게 만들 수 있습니다. 그래서 예수님은 심지어 사람에 대한 욕도 못하게 하셨습니다. 사람이 얼마나 소중한 존재인데, 함부로 네 형제를 보고 욕하느냐, 욕하지 말라고 가르치셨습니다. 이렇게 기독교의 인간관으로 사고방식을 바꿔서 훈련을 해야 우리가 앞으로 더 발전할 수가 있습니다.

비판은 영혼을 시들게 하지만 칭찬은 영혼을 꽃피게 한다

이외에도 한국 사람들이 고쳐야 할 단점으로 몇 가지가 더 있는데, 단점에 대한 이야기는 이 정도에서 마무리하겠습니다. 단점을 많이 이야기하는 것보다는 장점을 더 많이 이야기하는 게 낫기 때문입니다.

비판은 사람의 영혼을 시들게 하지만 칭찬은 사람의 영혼을 꽃피게 합니다. 칭찬은 고래도 춤추게 한다는 말도 있지 않습니까? 그래서 우리는 앞으로 비판보다는 칭찬을 더 많이 하고, 단점보다는 장점을 더 많이 이야기했으면 합니다.

그래서 앞서 말한 한국인의 장점 10가지는 앞으로도 계속 밀어 붙이고, 제가 말씀드린 단점들 대여섯 개 가운데 몇 개만이라도 앞으로 우리가 바꾸었으면 좋겠습니다.

교회에서부터 먼저 시작합시다. 교회에서 구역 공부할 때도 단점보다는 장점을 먼저 칭찬합시다. 그래서 장점은 앞으로 계속 발전하고 퍼져나갈 수 있게 합시다. 그리고 단점들은 꼭 필요한 것 한두 개부터 시작해서, 인내심을 가지고 끈기를 가지고 천천히 하나씩 해결해나가도록 합시다.

한꺼번에 고치려고 조급해 하지 맙시다. 예수 그리스도의 사람이면 고쳐질 수 있습니다. 예수 그리스도의 사랑이면 고쳐나갈 힘이 있습니다. 교회가 먼저 변화되어 사회를 바꾸고 나라를 바꿉시다. 교회가 나서면 대한민국도 변화될 수 있습니다.

그래서 예수 그리스도의 교회가 한국 민족의 이 단점들을 고치자는 운동에 앞장서고, 어떤 것을 어떻게 고쳐야 할지 알고 집중적으로 고쳐 나가면 됩니다. 지금 한국 사람의 4분의 1이 기독교인입니다. 우리라도 먼저 고쳐나가면 대한민국도 변화될 수 있습니다. 25%면 충분합니다. 25%만이라도 소금의 역할을 제대로 한다면 그 사회는 절대 썩지 않습니다. 25%만이라도 빛의 역할을 한다면 그 사회의 어두움을 충분히 밝혀낼 수 있습니다.

그런데 똑같은 질문을 가지고 이번에는 중고등학생들 144명에게 물어보았습니다. 그랬더니 중고등학생들의 통계는 어른들의 통계와는 조금 다르게 나왔습니다. 간단하게 한번 살펴보겠습니다.

중고등학생들이 생각하는 한국 사람의 단점들은 다음과 같습니다. 첫째, 이기적이다. 둘째, 너무 비판적이다. 셋째 사치스럽다. 넷째, 협동심이 없다. 다섯째, 소극적이다. 여섯째, 정직하지 않다. 일곱째, 우유부단하다. 여덟째, 극단적이다…. 이런 순서로 한국 사람들의 단점들을 지적했습니다.

제가 위에서 어른들이 지적한 한국 사람들의 단점 중에도 한국 사람들이 지나치게 극단적이라는 것은 나왔습니다. 사실 한국 사람들이 지나치게 극단적인 것은 사실입니다. 결사적으로 반대하고, 결사적으로 찬성하고…. 좀 문제가 많지요. 우리가 사용하는 단어도 극단적인 것이고 감정적인 것이 많습니다. 양 극단의 이야기를 모두 듣고 중용을 찾거나 서로의 입장을 이해하고 존중하려는 노력이 필요한데, 그렇지 못하니 항상 힘센 사람, 목소리 큰 사람이 이기는 그런 이상한 문화가 있습니다. 그렇다보니 힘없는 사람은 더 극단적이 되기도 합니다. 지금부터라도 대화하고 소통하는 문화, 협상하고 타협하는 문화가 필요합니다.

그러면 중고등학생들은 한국 사람들의 장점은 어떤 것을 꼽았을까요? 중고등학생들이 본 한국인의 장점 중 첫째는 한국 사람들은 실력중심이라는 것입니다. 이외에도 중고등학생들은 한국인의 장점으로 둘째, 교육열이 강하다. 셋째는 경로사상이 있다. 넷째, 은혜를 안다. 다섯째, 인내심이 있다. 여섯째, 독립심이 있다. 일곱째, 존중성이 있다 등을 꼽았습니다.

그런데 중고등학생들이 응답한 것 중에 제일 반응이 낮은 것 가운데 하나가 협동심이 없다는 것입니다. 우리 청소년들도 한국 사람이 협동심이 부족하다는 것을 심각한 문제 중의 하나로 꼽고 있습니다.

지금까지 한국인의 장점과 단점에 대해서 여러 통계들을 살펴보았습니다. 이런 것들을 살펴보면 객관적으로 우리의 장점을 알 수가 있고, 통계적으로 우리의 문제점을 알 수 있습니다. 그래서 이런 우리의 장단점에 대한 문제의식이 생기는 것이 중요합니다. 무엇이 중요한지를 알아서 그 하나하나에 대한 성경공부도 하고, 토론도 하고, 회개도 하면서 "하나님이여 이기심에서 떠나서 하나님을 위하고, 가족을 위하고, 이웃을 위하고, 교회를 위해서 남을 위해서 이타적으로 살 수 있는 우리를 만들어 주옵소서" 기도하는 자세가 필요합니다.

이렇게 열심히 기도하면서, 혹시 내가 이기적인 모습이 있는지, 협력을 잘 하지 못하는 부분이 있는지, 내게는 어떤 고쳐야 할 단점들이 있는지 알고 개선하고 성숙하는 그런 저와 여러분들이 되시기를 소망합니다.

제가 최근에 쓴 책 가운데 하나가 『섬기는 당신이 최고입니다』라는 책이 있습니다. 한국 사회는 뭐든 일등을 해야 하고, 최고가 되어야 평가를 해줍니다. 한국은 뭐든지 크고, 일등 해야 만족합니다. 그런데 꼭 그럴 필요는 없습니다.

제가 한국에 있을 때는 우리나라가 꽤 큰 나라인 줄 알았는데 미국에 가보니까 한국은 정말 작은 나라더군요. 그러나 나라는 작지만, 생각만큼은 '대한민국 최고'가 되고 싶잖아요. 그래서 누구나 큰 것을 좋아하고, 일등을 좋아합니다. 그래서 누가 일등하면 대단한 성취이고 자랑거리입니다. 그래서 대한민국 최고가 되고 세계 최고가 되면 온 국민이 기뻐하고 자랑스러워합니다. 피겨 스케이팅의 김연아가 그랬고, 월드컵 4강 신화가 그랬습니다.

그런데 누구나 다 최고가 되고 싶은데, 최고는 한 명이잖아요? 그러면 나머지는 어떡하라는 거지요? 우리가 최고를 꿈꾸고 일등을 희망하는 사이에 최고가 아니고 일등이 아닌 사람들에 대한 배려와 존중이 사라졌습니다.

얼마 전에 통계를 내봤는데, 고등학교를 졸업하고 나서 60세가 되었을 때 100명 가운데 몇 명이나 스스로를 성공했다고 평가하는지 조사를 했다고 합니다. 그런데 응답자 100명 중 3명꼴로 자신이 성공을 했다고 평가한 기사를 보았습니다. 그럼 97%는 성공을 못 했다는 것 아닙니까? 그럼 그 97%는 인생의 실패자입니까? 그건 아니지 않습니까?

사회적인 사고방식은 언제나 최고가 되어야 하니까 구성원들의 열등감만 많아집니다. 얼마 전에 서울대에서 1학년 신입생들을 대상으로 조사했는데, 입학생 가운데 95%가 열등감이 있다고 합니다. 우리 사회에서는 서울대 입학이면 일등 중의 일등이고, 성공 중의 성공 아닙니까? 그런데 정작 서울대에 입학한 신입생들의 95%가 열등감에 시달린다고 합니다. 이건 심각한 문제입니다.

어릴 때부터 치열한 입시경쟁을 해서 서울대에는 들어갔는데, 그 과정에 이미 아이들은 서로 상처를 받은 겁니다. 일등만이 최고라고 생각하다보니 일등을 하지 못했다고 열등감에 시달리는 겁니다. 서울대 신입생들의 95%가 열등감에 시달린다? 이건 우리 사회가 심각한 일등주의에 빠져서 깊은 병에 들어있다는 징조입니다.

하나님 나라에서 최고의 자리는 섬기는 사람이다

예수님께 오면 일등은 필요 없습니다. 예수님한테 오면 누구나 다 일등을 합니다. 세상에는 일등이라는 자리는 하나밖에 없지만 예수님께 오면 누구나 일등 인물들이 됩니다.

그 일등 인물이 누구냐? 이기적이고 자기중심적인 사람이 아니라 남을 섬기는 사람입니다. 자기 자신이 아니라 다른 사람을 위대하게 만드는 그 사람이 위대한 사람이라는 것입니다.

세상에 위대한 사람들은 맘대로 주관하고, 권력을 쓰려고 하지만 예수님 말씀에 "너희들은 그렇지 않다 너희들 가운데 으뜸이 되고자 하는 자는 오히려 너희의 섬기는 자가 되라 크고자 하는 자는 종이 되라"고 하셨습니다.

그럼 하나님 나라에서는 누가 최고의 인물인가요? 앉아서 섬김 받는 사람이 아닙니다. 섬겨 주는 그 사람이, 상대방의 가치를 올려주는 사람이 최고의 인물입니다. 예수님이 직접 하신 말씀입니다.

예수님의 제자들 가운데도 최고 인물이 되고 싶은 사람들이 있었습니다. 세베대의 어머니, 야고보와 요한 셋이 예수님 앞에 절하면서 말하기를 "예수님께서 왕이 되시면 내 큰 아들은 오른쪽에, 작은 아들은 왼쪽에 앉혀주십시오" 했습니다. 예수님 좌우 최고의 자리에 앉혀 달라고 했습니다. 그때 예수님께서 대답하시기를 "그런 것은 너희들이 하는 것이 아니라 하나님이 하시는 것이다. 네가 내 마시는 잔을 너희가 마실 수 있겠느냐?"고 했습니다. 그러자 "그 잔이 무슨 잔이든 마시겠습니다"고 대답했습니다. 예수님이 마시고자 했던 그 잔은 죽음의 잔이었습니다. 인류의 죄를 대신 지고 가실 속죄의 잔이었습니다.

우리 인간들의 모습이 이와 같습니다. 최고의 자리, 높은 자리에 오르기 위해서는 무엇이든 하겠다는 것입니다. 일등 되기 위해서는 양잿물이라도 마시겠다는 겁니다. 그러니 그 욕심과 탐욕이 결국 죽음과 파멸을 부르게 되는 것입니다. 일등 되고 싶은 인간의 열정은 정말 대단합니다.

하지만 예수님의 생각은 달랐습니다. 예수님께서는 "너희가 일등 되고 싶어 하지만 그것은 하나님이 정하는 것이니 걱정하지 말고 최고의 인물이 되어라. 최고의 인물은 섬기는 자"라고 말씀하셨습니다. 예수를 믿으면 최고의 자리는 안 가도 최고의 인물은 될 수 있다고 말씀하셨습니다.

우리는 하나님이 인정하는 최고의 인물로 이 땅에 살 수 있습니다. 세상의 기준으로 세상에서 최고가 되기 위해 애쓰지 맙시다. 하나님의 기준으로 하나님 나라에서 최고의 인물이 되기 위해 노력합시다. 하나님 나라에서 최고의 인물은 바로, 섬기는 사람입니다.

이렇게 성경에서 하나씩 배워 가면 내 가치관이 달라지고 변화가 나타납니다. 내 인격이 달라지고 변화되고 성장합니다.

그래서 내가 아닌 남을 섬겨 나갈 때 한사람, 두 사람, 세 사람 최고의 인물들이 세워집니다. 이 땅에서 하나님께서 귀하게 쓰시는 일꾼으로, 혹은 스승으로 섬기며 살게 됩니다. 그래서 이런 하나님의 일꾼들은 어느 곳에 가든지 모두 서로서로 받들어 주니까 우리나라가 크게 발전할 수 있습니다. 이게 바로 예수님의 사상입니다.

우리는 예수님을 통해서 변화될 수 있습니다. 예수님의 가르침을 따르며 살 때 우리나라는 엄청난 변화를 체험할 수 있습니다

예수님의 사상을 통해서, 그 분의 가르침을 통해서 우리 모두 대단한 국민이 될 수 있습니다.

자 그럼 이제 우리는 앞으로 어떻게 해야 할까요? 예수 그리스도의 사상이 어떻게 세상을 변화시킬 수 있을까요? 이제 그것을 찬찬히 살펴보겠습니다.

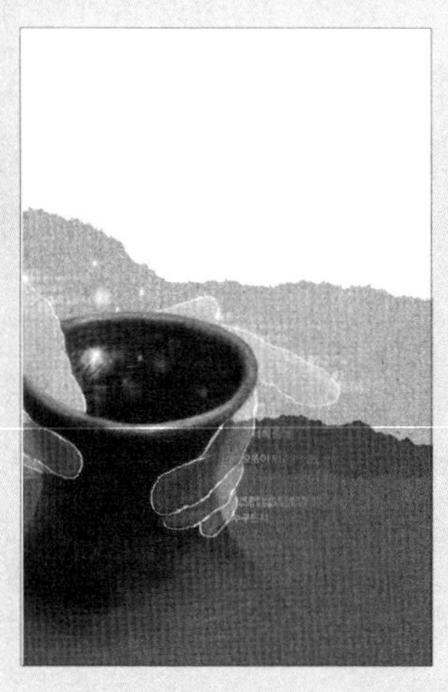

영적인 부흥운동이 활발하게 일어나면 그 사회가 변하고, 국가가 변하고, 제도가 변하는 대표적인 역사가 영국에서 18세기 이후로 일어났습니다. 예수 그리스도의 복음이 사회를 바꾸고, 제도를 바꾸고, 세계를 바꿀 수 있다는 것을 영국 사람들이 보여준 것입니다.

사회변화와 기독교의 역할

　세계 역사에서 한 나라가 나쁜 나라에서 좋은 나라로 바뀐 역사가 있을까요? 만약 실제로 그런 사례가 있다면 한 나라의 역사를 그렇게 바꾼 힘을 무엇이었을까요?

　저는 영국과 미국의 사례를 통해서 우리 한국을 살펴보았으면 합니다. 영국과 미국이 바뀐 역사를 통해 우리 대한민국의 미래와 가능성을 보고 싶습니다.

18세기 영국의 대각성운동, 영국을 바꾸다!

영국의 경우, 18세기인 1700년대는 참 많이 힘든 시기였습니다. 지금은 영국을 신사의 나라라고 부르지만, 당시만 해도 사회적으로 문제가 많고 타락한 시기였습니다. 여러 가지 원인이 있겠지만, 그 원인 중의 하나는 당시 영국의 교회가 세속화되고 타락한 데에 있었습니다. 영국 교회가 타락하게 된 이유는 무엇일까요?

세계사를 공부하신 분들은 잘 아시겠지만, 로마제국 시대만 하더라도 영국은 미개한 나라 중 하나였습니다. 카이사르가 정복하려다가 실패한 미개한 사회였고, 로마제국의 전성기에도 영국 전체를 로마가 지배하지 못하고 히드리아누스 황제가 영국의 중간쯤에 히드리아누스 장벽을 쌓고 지금의 스코틀랜드 지방은 야만족으로 포기한 그런 곳이었습니다. 그런데 로마제국에서 기독교가 국교가 된 후 영국에도 기독교가 들어갔습니다. 영국에 기독교가 들어간 것은 대략 AD 300년경부터입니다.

그런데 영국에 교회가 들어갈 때 조금 문제가 있었습니다. 영국에서는 교회가 귀족화되어서 서민들은 교회에 가지를 못했습니다. 영국이 로마 가톨릭에서 독립해 영국국교회가 된 후, 영국 교회의 머리는 영국 국왕이었습니다. 그래서 영국의 주요 도시마다 비싼 세금을 들여 교회를 크게 짓기는 했는데, 도시에 사람은 많고 교회는 하나밖에 없으니 교회당에 앉을 자리가 정해져 있어서 귀족이 아닌 사람들은 교회에 가지를 못했습니다. 그러다보니 영국에서는 교회 자리를 돈을 주고 사는 풍토까지 생겼습니다. 그래서 돈 있는 사람만 교회를 갈 수 있게 되고 그러다보니 교회가 자연스럽게 귀족화되어 버린 겁니다.

지금도 당시 그림이나 사진을 보면 여자들이 드레스를 입고 양산을 쓰고, 남자들은 턱시도를 입고 마차를 타고 다니는 풍경들을 많이 볼 수 있는데, 그게 주일날 교회를 가는 풍경입니다. 그런데, 그 사람들은 전부 귀족들입니다. 일반사람들은 교회를 갈 수가 없었습니다. 어린아이들은 말할 것도 없었습니다. 그게 17세기 영국의 모습이었습니다.

그렇게 점점 교회가 귀족화 되어가니까 신앙은 하나의 형식이 되고, 귀족들의 사교모임으로 전락하고 말았습니다. 주일이 하나님께 예배드리는 시간이 아니라 돈 많은 사람들의 뽐내는 시간이 되고 말았습니다. 그렇게 기독교가 타락했습니다.

그때 당시 토머스 챔버스라는 목사님이 계셨습니다. 이분이 에딘버러 대학 교수님이셨는데 에딘버러에 교회를 하나 더 지어달라고 영국국교회에 요청을 했습니다. 그런데 교회는 세금으로 지어야 되니까 아무리 요청을 해도 안 지어줬습니다. 기득권자들은 편안한데 교회를 더 짓자면 돈 많이 들고 하니까 필요성을 느끼지 못한 겁니다. 가난한 사람들, 아이들까지 교회 올 필요 뭐 있느냐 쓸데없다, 우리끼리 잘 지내면 된다… 이러면서 교회가 점점 타락했습니다.

교회가 귀족화되고 일반인들은 예수님을 믿고 싶어도 교회도 갈 수 없는 상황이 되니까 점점 서민들은 신이 없어지고 타락했습니다. 아이들도 교회에 못 가고, 주일학교 같은 것도 없고, 아이들을 길거리에 방치하니까 사회는 점점 타락해갔습니다. 범죄가 성행하고, 사회적 양심이 마비되어 갔습니다. 교회가 안 믿는 사람들에게 관심도 없고, 전도도 안하는 그런 나라가 되었습니다.

그러자 드디어 목사님들이 일어났습니다. 영국 교회는 세속화되었다, 기독교는 성화되어야 한다, 교회가 달라져야 한다는 움직임들이 일어났습니다. 지금도 찬송가집에 많은 찬송가를 남긴 아이작 와트가 그때 찬송가 운동을 시작했습니다. 아이작 와트는 찬송가를 많이 써서 대중이 부르게 했습니다. 교회는 못 가도 찬송가를 많이 불러 신앙을 회복해야 한다고 찬송가 운동을 불러일으켰습니다.

또한 감리교 창시자인 찰스 웨슬리가 부흥운동을 시작했습니다. 성경 공부와 경건생활을 강조하면서 영국국교회 안에 새로운 영적 운동을 시작했습니다. 이렇게 성경과 기도, 경건한 생활과 변화를 추구하는 영적인 부흥이 일어나기 시작했습니다.

그 중에서도 특히 요한 웨슬리와 찰스 웨슬리는 형제들로서 옥스퍼드 출신들인데, 그 당시에는 최고의 지성인들이었습니다. 이렇게 영국을 대표하는 최고의 지성인들이 하나님 앞에 완전히 헌신해서 계속 기도하는 가운데 영국에 영적인 부흥이 생겼습니다.

그 중에 조지 윗필드 목사는 회개와 회심을 강조했습니다. 사람은 하나님께로 다시 돌아서야 한다, 거듭 나야 한다고 강조했습니다. 다시 말하면 구원운동을 일으킨 것입니다. 조지 윗필드는 영국 전역을 다니며 "인간은 구원 받아야 된다. 인간은 죄성을 가지고 있는 죄인이다. 죄인을 놓고 아무리 도덕적인 설교를 해도 안 변한다. 근본적으로 영혼이 변해야 한다. 새로운 영적인 생명이 인간에게 생겨서 인간이 구원을 받아야 그때부터 변할 수 있다" 이런 설교를 하면서 다녔습니다.

웨슬리 형제와 윗필드 목사 같은 분들이 팀이 되어 부흥운동이 일어나고, 회개운동이 일어났습니다. 이렇게 회개운동과 구원운동이 일어나면서 사람들이 구원받기 시작하니까 영국이 변하기 시작한 것입니다. 술집들이 문을 닫는 기적이 일어났습니다.

근본적으로 죄성 밖에 없던 사람이 죄의 용서함을 받고 하나님의 새로운 생명이 들어갔습니다. 예수의 생명이 들어가서 새 생명이 생기니까 이 영적인 생명이 성장하면서 사람이 달라졌습니다. 한 사람이 달라지니까 그 가족이 달라지고, 가족이 달라지니까 교회가 달라지고, 교회가 변화하니까 사회가 변화했습니다.

그래서 개인부터 출발해서 개인의 영적인 변화가 일어났습니다. 그 개인 때문에 가정이 변화했고, 그 가정들이 모인 곳이 교회니까 교회가 변화했습니다. 결국 교회가 변화하니까 사회가 변화하고 나라가 변화한 것입니다. 세속화되고 귀족화되었던 영국은 이런 부흥운동의 결과로 달라졌습니다. 매일 술 먹고 싸우기나 하던 탄광의 광부들이 조지 윗필드와 찰스 웨슬리의 설교를 듣고 예수님 영접하게 하고 새 사람이 되었습니다. 그래서 광부들이 새 생명을 얻고 성령이 그들에게 임하니까 탄광이 변화했습니다.

이렇게 믿는 사람들이 늘어나도 예배드릴 교회가 없어서 토머스 챔버스 목사님은 정부에 교회를 더 지어달라고 했지만 정부는 교회를 더 지어주지 않았습니다. 그래서 더이상 정부에게 교회 지어달라고 하지 말고 우리가 우리 손으로 교회를 짓자, 이렇게 해서 평신도들이 모여서 교회를 짓기 시작한 것이 소위 말하는 자율교회입니다. 우리가 우리 손으로 자유롭게 교회를 짓자는 운동이 일어나면서 영국 복음화운동이 일어났습니다. 거기서 영국 사회가 변화하기 시작했습니다.

그 결과로 정부가 변화했습니다. 기독교 교육도 변했습니다. 또 절제운동이 일어나고, 개혁운동이 일어났습니다. 그래서 노예제도가 폐지되었습니다. 가난한 사람들을 돕는 구제운동이 일어났습니다. 기독교인들이 전도운동을 시작하고 사회에 대한 책임을 지기 시작했습니다. 그래서 영국은 그때부터 변화하면서 일등국가가 된 것입니다. 이런 부흥운동

때문에 영국이 변화했습니다. 영적인 운동 속에서 성령이 사람을 변화시킨 것입니다. 사람이 변화하지 않고는 교회가 변화할 수 없기 때문입니다. 교회에 있는 사람이 변화하면 그 사람들이 사회의 일원이니까 사회가 변화합니다.

영적인 부흥운동이 활발하게 일어나면 그 사회가 변하고, 국가가 변하고, 제도가 변하는 대표적인 역사가 영국에서 18세기 이후로 일어났습니다. 예수 그리스도의 복음이 사회를 바꾸고, 제도를 바꾸고, 세계를 바꿀 수 있다는 것을 영국 사람들이 보여준 것입니다.

미국의 영적 부흥운동에 하나님이 축복하시다

그런데 영국의 이 영적 부흥운동이 미국으로도 건너왔습니다. 그 당시 미국도 아주 타락해 있었습니다. 200년 전의 미국은 넓고 자원이 풍부한 신대륙이었습니다. 그런 신대륙을 하나님이 영국 사람들, 화란 사람들, 정치적 자유와 종교적 자유를 찾아간 사람들에게 허락하셨습니다.

그런데 자원이 풍부하니 금방 부자가 되었습니다. 그러다보니 돈에 욕심들이 생겨서 자본주의가 발전하고 경제는 발전했지만 부패도 많아졌습니다. 그리고 사람들도 금방 교만해졌습니다. 처음에는 유럽에 비해 역사도 일천하다고 무시당했는데 경제가 부유하고 돈이 많아지니 금방 교만해졌습니다. 좋지 않은 철학 사상들이 많이 생기고 감정주의가 생기고, 위선이 많아졌습니다. 교회도 점점 형식주의에 빠져 예배도 타락해졌습니다. 점점 술집이 많아지고 향락주의에 빠져 가정이 파탄 나고 신앙의 영적인 면이 사라지고 침체되었습니다. 신학도 자유주의가 들어오면서 혼란이 생겨서 교회를 다녀도 예수를 믿지 않고, 성령도 안 믿는 일들이 생겨났습니다. 미국이 타락한 것입니다.

그런데 하나님께서 영국의 대각성운동을 미국까지 번지게 하셨습니다. 조지 윗필드, 찰스 웨슬리와 요한 웨슬리 같은 사람들을 중심으로 일어난 영국의 영적 부흥운동이 미국까지 번진 것입니다. 이 분들이 미국으로 건너가서 부흥회를 하기 시작하고, 영적인 부흥이 일어나면서 제2의 대각성 운동이 미국으로 번지면서 영적인 부흥운동이 일어났습니다.

미국에서 영적 부흥운동이 일어나면서 미국도 회심자가 급증했습니다. 예수 그리스도를 자기의 구주로 믿고, 하나님의 자녀로 살겠다고 마음을 바꾼 사람들, 즉 회개한 사람들이 늘어났습니다.

우리는 보통 '회개'를 "하나님 잘못했습니다" 기도하면서 죄를 고백하고 반성하는 것으로 많이 생각합니다. 그러나 '회개'의 정확한 뜻은 "내가 가던 길에서 돌이켜 삶의 방향을 바꾼다"는 뜻입니다. 하나님 없이 살고, 세상적으로 살고, 죄 안에서 살고, 내 맘대로 살고, 지옥을 향해서 가던 사람이 복음을 듣고, 방향이 잘못되었음을 인식하고 돌아서는 것이 회개입니다.

죄를 잘못했다는 것은 '자백'입니다. '회개'는 기본적으로, 생각을 바꾸고 삶의 방향을 바꾸는 겁니다. 세상으로 향해 있던 삶의 방향을 하나님 쪽으로 바꾸는 것을 회개라고 합니다.

미국의 영적대각성기 때는 대대적인 회개운동이 일어났습니다. 찰스 웨슬리, 조나단 에드워드, 드와이트 무디 같은 전도자들이 복음을 전하면 예수 그리스도를 영접함으로 새 삶을 살겠다는 사람들이 무더기로 나왔습니다. 미국 전역에서 영적부흥의 대각성 집회들이 벌어지면서 수많은 사람들이 하나님 쪽으로 방향을 바꾸었습니다. 회심자들이 많이 일어 났습니다. 수많은 사람들이 죄를 회개하고 앞으로 의롭게 살겠다면서 예 수 그리스도를 향해 삶의 방향을 바꾸었습니다.

회심자들이 많이 일어나다보니 전도활동도 활발해졌습니다. 그래서 열심히 교인들을 전도하고, 앞으로 교회를 이끌어나갈 영적 지도자를 키 우기 위해서 대학을 세우기 시작했습니다. 그때 세워진 학교들이 하버드 대학교 같은 곳입니다. 하버드, 프린스턴, 예일 등 지금 미국의 최고 학 교들은 원래 복음을 전하기 위해 목회자들을 키워내던 신학교에서 출발 했습니다. 지금은 일반 대학교지만 미국 최고의 학교들은 원래 기독교인 들이 세워서 앞으로 좋은 지도자를 만들어 내자고 초기엔 목사들을 주로 양성하던 곳이었습니다.

영적대각성운동의 결과로 이런 기독교학교 운동이 생기고, 또 문화단 체와 자선단체들이 생겨났습니다. 예수님을 믿고 새 생명을 얻고 하나 님의 사랑을 알게 되면, 자연히 다른 사람을 사랑하게 되어 있습니다. 그 사랑을 나누고 싶어서 자연히 자선사업이 늘어나고 자선단체들이 많이 일어났습니다.

이렇게, 교회들이 변하니까 사회가 변했습니다. 사람들이 변하니까 나 라가 변했습니다. 미국에서 불어온 영적 대각성운동이 미국의 좋은 대학 들을 세우는 계기가 되고, 미국에 수많은 자선단체들이 생겨나는 계기가 되었습니다. 그래서 사회의 잘못된 것들을 성경의 가치 아래 하나씩 고 치고 바꿔나가게 된 것입니다. 미국의 노예제도처럼 잘못된 것은 링컨대 통령을 통해서 타파했습니다. 이런 기독교적 회개운동과 부흥운동을 바 탕으로 미국이 독립국가가 되고, 민주주의제도를 확립하고, 도덕수준이 올라간 것입니다. 결국, 미국이 잘 된 것은 모두 예수 그리스도의 신앙

때문이었습니다. 기독교 신앙과 가치관을 지키면서, 예수님이 살라고 하신대로 살기로 작정하면서 미국이 부흥하고 발전하기 시작한 것입니다.

이렇게, 한 나라가 복음으로 인해, 영적 대각성으로 인해 변화해서 나쁜 나라에서 좋은 나라로 발전한 경우를 우리는 영국과 미국의 사례를 통해 살펴보았습니다.

제가 1960년대에 미국에 유학을 갔을 때 저는 공부하면서 동시에 아르바이트를 해야 했습니다. 제가 일한 곳이 백화점이었는데, 일자리 얻으려고 백화점에 갔을 때, 백화점 문 앞에 "고객만족보장. 일단 우리 백화점에 들어오면 당신이 만족해서 나가야 됩니다. 만일 그렇지 않으면 돈을 돌려드리겠습니다."라고 써붙여놓은 것을 보았습니다. 일단 우리 백화점에 오면 절대적으로 만족을 느끼게 하겠다, 만약에 우리 물건이 안 좋으면 언제나 가져오라, 돈을 돌려주겠다는 것입니다. 그걸 보면서, 한국은 눈 감으면 코 베어 간다고 하는데 이게 도대체 무슨 소리인가 싶었습니다. 깜짝 놀랐지요.

그래서 저는 용기를 내어 백화점 사장을 찾아가서 "저는 한국에서 대학 나온 학생입니다. 저를 이 회사의 매니저로 훈련받게 해주십시오" 하고 요청을 했습니다. 그때만 해도 미국에서도 대학을 나온 사람들은 별로 없었습니다. 그 시대에 미국에선 고등학교를 졸업하면 15%정도만 대학을 갔습니다. 그래서 미국에서는 대학 졸업했다는 것은 대단한 일이더군요. 그래서 저도 용기 있게, 나도 서울에서 대학을 졸업했으니 나를 이 회사의 매니저로 훈련시켜 달라고 할 수 있었던 것입니다.

그런데 조그만 동양 사람이 미국 백화점의 매니저가 되겠다고 하니까 안 된다고 합니다. 그래서 두 시간을 앉아서 설득을 했습니다. "대학을 졸업해서 능력이 있고, 열심히 공부한 경험이 있다. 우리 한국 사람들은 열심히 공부하는 사람들이어서 뭐든지 가르치면 열심히 배운다, 확실하다. 그러니까 나를 매니저 훈련을 해 달라"고 두 시간 동안 설득했습니다. 결국 두 시간 만에 사장님이 손을 들고 허락을 했습니다. 그래서 매니저 트레이닝에 들어갔습니다. 제가 8개월 동안 매니저공부를 했는데 그 사람들의 훈련을 받으면서 많이 놀랐습니다. '이 사람들이 비즈니스를 이렇게 하니까 세계 제일의 부자가 되었구나.' 하는 것을 배웠습니다. 간단히 말하자면, 모든 것을 성경대로 하더군요. 거기에서 제가 충격을 받았습니다. '아니, 비즈니스를 어떻게 성경적으로 한다는 말인가?' 그런데 백화점 운영을 예수님 말씀을 가지고 실제로 하더군요. 그래서 그 때 알았습니다. '아, 이게 기독교 국가의 저력이구나.'

앞서 제가 미국에 유학 간다고 남대문시장에서 들러 물건을 샀는데, 제가 상인들이 달라는 가격을 다 주고 샀다가 상인들이 저를 바보라고 놀렸다는 말씀을 드린 적이 있습니다. 한국에서의 제 마지막 기억은 상인들을 정직하게 믿었다가 저만 바보가 된 기억이었습니다. 그런데 미국에 오니까 정반대였습니다. 모든 것을 정직하게 팔라고 가르치는 것입니다. 그때 사사건건 가르친 것이 성경이었습니다. 예수님의 복음서 가르침에 따라서 사업을 하는 겁니다. 성경은 거룩한 책이라서 주일날만 보는 줄 알았는데, 장사하는데 그 원리를 써 먹는 겁니다.

예수님께서 말씀하시기를 "오리를 가자고 하면 십리를 가주어라", '누가 겉옷을 달라고 하면 속옷까지 주어라"고 하신 그것을 사업에서 그대로 활용을 하는 겁니다. 손님이 원하는 대로 해주고, 더 해 주는 겁니다.

그러다보니 이런 것을 악용하는 사람들도 있습니다. 한번은 어떤 사람이 자물쇠를 가져와서 "이것, 여기서 샀으니 바꾸어 달라"는 거예요.

그래서 담당직원이 살펴보고는 "이 회사 것이 아니니 확인해 보세요" 하면서 교환을 거절했습니다. 그러니까 그 손님이 막 화를 내면서 "고객이 만족 안하면 돈을 돌려준다더니 이러느냐? 두고 보자" 하면서 사장한테 갔습니다. 그런데 10분 후에 사장이 담당직원에게 전화를 해서 "새 것으로 바꿔 주라"고 했습니다.

그래서 담당자가 사장에게 항의를 했습니다. "우리 백화점에서 판 제품이 아닌데 왜 바꿔 주느냐?" 그랬더니 사장의 말이 "손님이 오면 무조건 바꿔 줘라. 그러면 그 사람은 평생 우리 손님이 된다. 지금은 우리가 돈 조금 손해 보지만, 이것을 줌으로써 앞으로 40년 동안은 우리 회사에 올 것이다. 그래서 예수님이 오리를 가자면 십리를 가라고 하셨다. 그러니 아무 소리 하지 말고 새것으로 줘라"고 하는 것입니다.

제가 백화점 매니저 훈련을 받으면서 이런 것들을 하나씩, 하나씩 배우는데 전부 다 성경적이어서 너무 너무 놀랐습니다. '이러니까 미국이 잘 되는구나. 우리나라도 이렇게 되어야 하는데.' 하는 부러움과 안타까움이 생겼습니다.

대한민국도 변화되어야 한다

우리나라도 이렇게 변화되어야 합니다. 하지만 그냥 변화할 수는 없습니다. 우리 국민에게도 예수의 생명이 들어와야 되고, 복음이 들어와야 되고, 하나님의 성품이 들어와야 됩니다.

그러면 변화될 수 있는 가능성이 생기게 됩니다.

개인이 변하면 개인 때문에 가정이 변하고, 가정이 변하면 교회가 변하게 됩니다. 좋은 교회는 좋은 가정들을 가진 교회입니다. 좋은 건물을 가진 교회가 좋은 교회가 아니고, 좋은 가정들이 모인 곳이 좋은 교회입니다.

좋은 교회가 이 땅에 5만개가 되면 이 나라가 좋아집니다. 안 좋아질 수가 없습니다. 그래서 우리나라의 변화에는 예수 믿는 사람들이 주체가 되어야 합니다.

그러기 위해서 우리도 영국처럼, 미국처럼 복음을 확산해야 합니다. 그래서 사람들이 새 생명을 얻어서, 새로운 태도와 새로운 가치관을 배워서 하나님의 가치관을 위해서 일하고, 공부하고, 활동해야 합니다. 그래서 기독교적 가치관으로 가정을, 나라를 다스리면 우리나라도 앞으로 더욱 훌륭한 나라가 될 수 있습니다. 좋은 물건만 만들어 내는 나라가 아니라 좋은 사람들이 사는 나라가 되는 것입니다.

제가 지난번 미국 대통령 선거에서 부러웠던 것이 하나 있습니다. 지난 미국 대통령 선거 때 공화당의 매케인 후보 하고, 민주당의 오바마 후보 하고 둘이 붙은 결과 오바마가 당선이 되었습니다. 미국 최초의 흑인 대통령이었습니다. 이건 혁명이고, 상상도 할 수 없는 일이었습니다. 그런데 당선이 확정된 다음날 공화당 후보 매케인이 이렇게 말했습니다. "오바마는 나의 대통령입니다." 얼마나 멋있습니까? 이런 아량과 여유와 문화를 보면서 우리도 이런 성숙한 문화가 되기를 기도했습니다.

오바마가 대통령이 되자, "오바마는 나의 대통령입니다"라고 말한 매케인 후보의 이러한 여유와 태도, 가치들이 우리 지도자 속에도 생겨야 합니다. 그래야 나라가 잘 됩니다. 지도자들이 변해야 하고 국민들이 변해야 합니다.

변화하려면 하나님의 은혜가 필요합니다. 하나님의 은혜가 함께 해야 우리도 변화할 수 있고, 우리의 가치관이 달라지면서 우리도 발전할 수 있습니다.

타락한 영국이 변해서 훌륭한 나라가 되고, 또 미국도 타락했던 나라가 많이 발전하고 좋은 나라가 되었습니다. 지금은 미국이 이래저래 욕을 많이 먹는데, 그래도 세계에서 문제가 생기면 제일 먼저 뛰어가서 도와주는 게 미국 사람들입니다.

기독교, 대한민국의 역사를 바꾸다!

우리나라도 예수님이 이 땅에 오신 다음에 많이 변했습니다. 한국 상황이 영국이나 미국 하고는 다르지만, 예수님이 이 땅에 오셔서 미친 영향은 엄청납니다. 많은 변화를 가져왔습니다.

100년 전에 한국에 온 선교사가 쓴 책 보니까 "한국 사람은 공포심에 싸여 있다"고 했습니다. 귀신 문화 때문에 제사와 고사를 지내고, 애기 낳아도 문에 뭘 걸어 놓는다고 했습니다. 귀신 들어와 해꼬지할까 봐 두려워한다는 것입니다. 그래서 조금 잘못하면 귀신한테 당한다고 귀신 때문에 두려움에 차 있다고 적었습니다.

그런데 예수님이 이 땅에 오시고, 하나님이 한국 사람의 창조자가 되시고, 한국사람 신앙의 대상이 되니까 한국 사람의 정신에 혁명이 생겼습니다. 이제는 겁이 없어요. 한국 사람은 이제 더 이상 귀신을 겁내지 않습니다. 귀신은 벌써 패배한 귀신입니다. 예수 그리스도가 부활하심으로 귀신을 타파했기 때문에 한국사람 속에 겁이 없어졌습니다.

지금도 안 믿는 사람은 겁이 많습니다. 그래서 배 타고 고기 잡으러 나갈 때도 고사를 지내곤 합니다. 하지만 예수님을 믿는 우리에겐 두려움이 없습니다. 우리는 찬송을 하며 담대하게 나갑니다. 우리에게 힘주시는 예수 안에서 불가능이 없어졌습니다. "힘주시는 자 안에서 무엇이나 할 수 있는 믿는 대로 되리라." 이건 정신의 혁명입니다. 하늘 문이 열린 겁니다.

지금까지는 인간은 태어나면 죽는 것 그것이 전부였습니다. 하지만 이제 영혼이 깨어났습니다. 시간이 열리고, 공간이 열렸습니다. 영혼이 열렸습니다. 이것은 한국 국민에게는 정신적 혁명입니다.

기독교가 이땅에 처음에 와서 얼마나 많은 것을 바꿨습니까. 천만 명 기독교인들이 늘어나면서 예수를 믿는 사람마다 가슴이 확 열리고, 희망이 생기고, 미래가 열리고, 믿음이 생겼습니다.

예수님과 함께라면 뭐든지 이길 수 있고 어디든지 갈 수 있다, 이런 마음이 생겼습니다. 그래서 1965년에 브라질로 이민 간 사람들도, 이민가자마자 빈민촌에 맨 먼저 교회부터 세웠습니다. 교회부터 세워서 이민자들이 거기 모여서 기도하고, 찬송하고, 힘과 용기를 얻었습니다. 브라질 이민사회가 브라질의 옷가게를 전부 정복했습니다. 브라질 사람들은 일을 잘 안 하는데 한국 사람들 밤이나 낮이나 열심히 일하니까 한국 사람들이 다 장사해서 아이들 변호사 시키고, 교수 시키고 한국 사람들은 대부분 성공했습니다. 교회에 모여서 기도하고, 찬송하고, 영적인 힘을 얻고, '어렵지만 하나님이 함께하시면 될 수 있고, 할 수 있다'는 믿음으로 한국 사람들이 세계 방방곡곡에 다 일어난 겁니다.

미국도 마찬가지입니다. 제가 아는 분도 유학생으로 미국에 갔는데 빈

손으로 와서 가발 다섯 개 사가지고 길에서 가발 팔아서 돈을 모았습니다. 그래서 지금은 얼마나 잘 살고 있는지 모릅니다. 지금은 그분의 자식들이 미국의 주류 속에 다 들어갔습니다. 그 모든 것의 중심은 교회였습니다. 교회에 모여서 예배드리고, 말씀 듣고, 힘과 용기를 얻고 희망을 가지고, 이래서 교회가 이민사회를 바꾸어 놓았습니다.

세계 어디를 가도 한국 사람이 모인 곳은 대부분 비슷합니다. 하나님께서 한국 교회를 이렇게 사용하셨습니다. 교육 분야만 해도 오산학교, 숭실대, 연세대, 이화여대, 이화여고, 정신학교 등 이런 학교들을 많이 지어서 현대 교육을 우리 민족에게 펼쳐 준 것이 예수 그리스도의 교회였습니다.

제가 얼마 전에 숭실대에 다녀왔습니다. 제가 숭실대 1931년도 앨범을 가지고 있습니다. 그래서 숭실대 총장님에게 그 앨범을 박물관에 두라고 갖다 드렸습니다. 그런데 그때 앨범을 보니까 학생은 9명인데 교수는 20명입니다. 미국 교수들, 한국 교수들 합쳐서 학생보다 배나 더 많았습니다. 1930년대 그 시대에 농구도하고, 악기도 연주하고 그랬습니다. 앨범에 보니까 그 사진들이 있더군요. 그 당시에 그런 혜택을 받은 사람들이 그 시대에 어디 있습니까? 기독교가 들어와서 이런 문화와 예술을 일으켰습니다.

교육, 의료, 문화, 음악, 예술, 문맹퇴치, 사회단체활동, 정치 및 인권과 민주화, 3.1운동, 고아원, 양로원, 병원, 장애인교육 등 모든 분야에 기독교가 영향을 미치지 않은 곳이 없습니다. 기독교가 우리 땅에 들어와서 우리 사회를 이만큼 많이 발전시키고 많이 일으켰습니다. 기독교는 역사적으로 이런 일들을 통해 우리 사회에 기여하고 우리 사회를 발전시켰습니다. 최근에도 통일운동이나 북한을 돕는 일을 보면 북한을 도

와준 전체 액수의 70%가 기독교가 한 겁니다. 불교, 가톨릭, 일반 시민
단체도 북한을 도왔지만 그래도 기독교가 북한을 가장 많이 도와주고,
통일 운동에도 많이 앞장서서 일을 하고 있습니다. 이 모두가 하나님의
축복입니다.

　

지금도 우리 사회에서 사랑의 쌀 운동, 사랑의 빵 운동, 선명회, 기아
대책운동, 장기기증운동, 헌혈운동 등등 주요 운동들은 대부분 기독교가
시작한 것들입니다. 기독교에서 처음 시작해서 지금은 헌혈운동, 장기기
증운동은 보편적인 우리 사회의 문화 중 하나로 자리잡았습니다.

장기기증운동도 박모 목사님이 자기 신장을 하나 먼저 떼어 주고 시
작을 했습니다. 그분이 제 고등학교 친구인데, 동창들만 만나면 신장 내
놓으라고 해서 동창들이 이 목사님 만나는 것을 아주 싫어할 정도로 열
심입니다.

지난 수십년 동안 한국에 이러한 운동이 일어나서 죽어가는 사람들
을 살린 이 모든 운동들이 대부분 다 기독교인들이 한 것입니다. 기독교
인들에 대해 책망도 하고는 있지만, 그래도 실질적으로 이 사회의 변화
를 일으키는 데 상당히 중요한 역할을 한 것은 역시 기독교인들입니다.

그뿐 아니라 소년소녀가장돕기운동, 기독교윤리실천운동, 경실련, 환
경운동, YMCA, YWCA, 남북나눔운동 등등 많은 사회봉사단체, 환경
단체의 일들은 기독교가 제일 많이 하는데, 욕도 기독교가 제일 많이 먹
고 있습니다. 사람들이 내막을 몰라서 그렇습니다. 기독교에서 자랑하지
않아서 그렇습니다.

　

기독교가 우리 사회에 영향을 많이 끼쳤습니다. 문제는 교회가 하는

일을 사회가 인정을 안 하는 것일 뿐입니다. 교회와 사회를 이분화 시켜서, 교회는 교회이고, 사회는 사회다. 교회는 교회가 하는 것이지 사회하고는 상관이 없다… 이렇게 말하고 있습니다.

이것은 잘못된 생각입니다. 교회는 사회의 일부입니다. 사회가 있는데 그 사회 속에 교회가 있는 겁니다. 그래서 교회가 하는 모든 것이 사회적인 일입니다.

교회에서 노인들을 얼마나 많이 돕고 있습니까? 청소년, 어린이들을 얼마나 많이 돌보고 있습니까? 저희 할렐루야교회에도 어린아이들이 이천 명이 있습니다. 그 아이들을 매주마다 돌보는 기관이 교회 말고 세상에 어디 있습니까? 청소년들 매주 붙잡고 그 애들을 잘 인도해 주려고 노력하는 단체가 세상에 어디 있습니까?

학교에서는 영어, 수학, 지리를 가르치지만 교회는 그 아이들을 사람을 만들려고 가르칩니다. 그래서 아이들이나 청소년들, 노인들이 조금만 아파도 교회에선 찾아가지 않습니까? 목사님이 심방 가고, 온 교인들이 중보기도해줍니다. 대한민국의 4분의 1을 교회가 돌보고 있습니다.

가난한 이들에게 먹을 것과 입을 것을 주고, 병이 나면 찾아가 주고, 어려운 사람이 있으면 돌봐주고, 아이들을 돌보고, 할머니 할아버지들을 돌보고 있습니다. 대한민국 4분의 1이 매주 마다 모여서 그 믿음을 강화시켜주고, 마음을 안정시켜주고, 평화를 주고, 죄의식을 뽑아내주고, 새로운 생활을 제시해주고 있습니다. 이 모든 것은 국가가 해주는 일이 아닙니다. 국가가 하지 못하는 일을 교회가 감당하는, 사회적인 일입니다.

사회가 있고, 교회가 따로 있는 것이 아니라 사회가 하는 일, 교회가 하는 일 모두가 국가적인 일입니다. 교회가 앞으로도 우리 사회의 빛과 소금으로서 꾸준히 일하면 이 사회를 더 좋은 사회로, 더 넓은 사회로 얼마든지 만들 수 있습니다.

지금까지 영국이 그랬고, 미국이 그랬고, 이 땅에 복음이 들어온 이래에 기독교가 우리 사회를 변화시킨 역사를 살펴봐도 그렇습니다.

복음에는 힘이 있습니다. 예수 그리스도의 사랑에는 역사하는 능력이 있습니다. 예수 그리스도께서 주신 복음과 사랑으로 우리 자신부터 변화되고, 우리 가정이 변화되고, 우리 사회가 변화되고, 마침내 우리나라가 변화되어 세계를 변화시키는 놀라운 역사가 있기를 소망합니다.

앞으로 한국이 더욱 발전하
기 위해서는 미래에는 어떤
나라가 될 것인가, 어떤 한
국인이 될 것인가에 대한
목표와 비전이 분명해야 합
니다. 어떤 롤 모델을 가지고 우리 한국이 발전하
고, 한국 사람의 인격을 성숙시킬 것인가 모델을
잘 찾아야 합니다.

제5장

탁월한 선택을 위하여

우리 한국 사람에게는 많은 장점들도 있고 단점들도 있습니다. 앞으로 장점들은 더욱 개발하고 단점들은 조금씩 고쳐 나가면 우리는 지금보다 훨씬 더 잘할 수 있습니다. 지금이 달리는 정도라면 앞으로는 날아가는 정도로 더 잘할 가능성이 있는 민족입니다.

지금까지 우리는 우리들의 장단점들에 대해 살펴보았는데, 앞으로 한국이 더욱 발전하기 위해서는 미래에는 어떤 나라가 될 것인가, 어떤 한국인이 될 것인가에 대한 목표와 비전이 분명해야 합니다. 어떤 롤 모델을 가지고 우리 한국이 발전하고, 한국 사람의 인격을 성숙시킬 것인가 모델을 잘 찾아야 합니다.

우리는 어떤 사람이 되어야 할까요? 어떤 품성을 개발하고, 어떤 인격을 개발해야 할까요? 저는 그 모델을 성경에서 찾고 싶습니다.

우리의 인격은 어떻게 변화되어야 하는가?

　최근 한국에는 많은 어려움이 있습니다. 경제도 어렵다고 하고 다들 살기가 힘들어졌다고들 하십니다. 그런데 사실 가만히 살펴보면, 한국사람들이 미국사람보다 실제로는 돈이 더 많은 것 같습니다. 한국 사람들이 아파트를 사고팔 때 보면, 거의 현금으로 거래를 하지 않습니까? 미국 사람들은 집을 살 때 현금 주고 사는 사람은 거의 없습니다. 집값의 70~80% 이상이 다 빚입니다. 일단 빚으로 집을 사고 평생 살면서 그 빚을 갚는 겁니다.

　그런데, 한국에서는 아파트를 살 때 빚을 내고 싶어도, 제1금융권은 집값의 50%, 제2금융권은 집값의 60%까지만 담보대출해 줍니다. 그러니까 한국사람은 최소한 절반 정도는 자기돈으로 현금을 가지고 있어야 집을 살 수 있습니다. 물론, 그 중에 잘 사는 사람들은 은행 빚을 내지 않고 전부 현금으로 집을 사기도 합니다. 그러니까 한국사람들이 실제로는 미국사람보다 더 잘 사는 겁니다.

　그런데다 우리 한국사람들은 지식도 있습니다. 세계 최고 수준의 교육열을 가진 나라라 문맹은 거의 없습니다. 그리고 웬만하면 대학을 다 나옵니다. 대학들이 많아서 교육수준도 높아졌고, 다른 나라에 비해 훌륭하게 교육도 하고 있습니다. 우리나라는 이제 세계 최고 수준의 경제력과 기술력도 있습니다. 교육이 발달하니까 경제와 기술도 발전했습니다. 지식과 교육은 축적이 되기 때문입니다. 기술과 지식은 계속 축적이 되니까 문명이 발달하고 더 좋은 나라가 되고, 더 편리한 나라가 되고 좋아집니다.

　게다가 우리 국민은 다른 나라 국민에게는 없는 능력도 있습니다. 제가 한국 와서 깜짝 놀란 것 중에 하나가 일주일 만에 책을 출판하는 것이 가능하더군요. 원고만 있으면 일주일만에 편집디자인을 하고 교정을 보고 인쇄와 제본까지 끝내서 책으로 나오더군요. 제가 미국에 있을 때는 이런 것은 꿈에도 상상하지 못했습니다. 한국이 아닌 다른 나라에선 꿈도 꾸지 못할 일입니다. 그런데 우리에게는 불가능은 없지 않습니까? 한국사람은 꼭 해야 하는 일이라면 반드시 이루어내는 놀라운 능력을 가진 민족입니다.

그러다 보니 그런 능력으로 자동차와 반도체도 만들고, 아파트와 고층빌딩도 짓고, 옷도 잘 만들고, 영화도 잘 만듭니다. 그래서 많은 개발도상국가들이 한국을 부러워하고 배우고 싶어 합니다. 원래부터 잘 사는 나라에는 별로 관심이 없습니다. 그런데 자기들처럼 가난하다가 그 짧은 시간에 경제발전과 기술의 축적을 이루어낸 한국만큼은 누구나 부러워하고 배우고 싶어 합니다.

얼마 전에 우간다 대통령이 한국에 온다고 해서 그 수석 보좌관들을 만난 적이 있습니다. 그분들을 만나보니 그분들이 얼마나 한국에 오고 싶어하고, 한국을 배우고 싶어하는지 잘 알 수 있었습니다. 한국은 개발도상국가들에게는 가장 성공적인 롤모델입니다.

그만큼 한국은 발전했습니다. 이제 세계적으로 부러워하는 선진국의 반열에 들어섰습니다. 그래서 올림픽도 4등 하고, 월드컵도 4등 했습니다. 반도체나 조선기술은 세계 최강입니다. 이 모든 것이 하나님의 축복입니다. 하나님께서는 한국을 너무너무 사랑하셔서서 가끔씩 기적을 보여주셨습니다. 내가 한국을 얼마나 사랑한다 하는 것을 하나님께서 직접 보여 주셨습니다. 그게 단적으로 드러난 게 올림픽 4등, 월드컵 4등입니다.

이제 한국은 경제, 기술, 스포츠, 예술 어느 분야에서도 절대로 선진국
에 뒤떨어지지 않습니다. 뒤떨어지지 않을 뿐만 아니라 어떤 분야에서는
세계 최강으로서 세계를 이끌어가고 있는 분야도 있습니다.

대한민국이 모자란 단 한 가지

이렇게 모든 분야에서 발전하고 세계 최고의 선진국 수준으로 올라서
고 있는데 모자란 것이 딱 하나 있습니다. 인격, 품성, 도덕성, 정직성, 투
명성, 고상한 인격… 이 하나가 모자랍니다.

사실 저는 4.19혁명으로, 부정한 정권을 처음으로 무너뜨리고, 정치
가 바뀔 때 희망을 가졌습니다. 앞으로는 부정과 부패가 없어지고 한국
이 잘되겠구나 하고, 4.19를 일으킨 세력인 우리 세대에 대해 기대를 많
이 걸었습니다. 저는 우리 세대는 앞 세대와는 다르다고 생각했습니다.

사실 대한민국을 일으킨 것은 우리 세대입니다. 직장, 산업, 경제를 일
으킨 주역인 세대가 바로 우리 세대입니다. 한국전쟁의 폐허 위에서 경
제를 건설했고, 군사독재와 싸우면서 민주주의를 발전시켰습니다. 그런
데 우리 세대가 이렇게 경제와 산업을 다 일으키고 나서는 기운이 다 빠
져버렸습니다. 교육도 일으키고 문화와 예술도 다 일으켰는데, 뭐가 모
자랐느냐 하면 바로 인격이 모자랐습니다. 그래서 우리 사회의 주요한
부정부패를 일으킨 주역도 바로 우리 세대입니다 얼마나 많은 부정부패
가 제 세대에서 일어났는지 모릅니다.

지금도 마찬가지입니다. 지금은 우리 세대가 아니라 우리 바로 밑의

세대가 중심이 되어 대한민국의 정치, 경제, 문화를 이끌어갑니다만, 아직도 부정과 부패, 부도덕하고 비윤리적인 일들이 연이어 일어나는 것을 보면 저 자신이 참 많이 부끄럽습니다. 경제와 문화를 발전시킨 주역이기도 하지만, 부정부패를 만연하게 한 장본인들이기도 하기 때문입니다.

지식, 기술, 문화, 예술 등이 다 발달했습니다. 그런데 우리들 인격의 투명성과 윤리성이 모자라서, 훌륭하고 머리 좋고 좋은 학교 다닌 최고의 사람들이 감옥으로 가는 겁니다. 이 모두가 인격의 부족 때문입니다. 도덕과 윤리가 부족한 때문입니다.

인격은 손으로 만져지는 것이 아닙니다. 보이지 않는 우리 인간 내면에 있는 것입니다. 그렇기 때문에 잘 드러나지 않고 잘 보이지 않습니다. 이런 인격의 부족이 우리들의 제일 안타까운 연약함 가운데 하나입니다.

자, 그러면 이제 어디서부터 시작을 해서 우리의 인격을 변화시켜야 할까요? 어디서부터 시작하고, 무엇부터 공부해야 우리의 인격이 변화, 발전, 성숙, 성장할까요? 인간 내면의 성장은 어디서부터 시작을 해야 할까요?

지금 우리가 당면한 문제는 지식도, 기술도, 스포츠도 아니고 그 속에 있는 사람들, 내면의 문화입니다. 우리의 내면이 변하고 인격이 변화되어야 합니다. 내면의 가치를 제대로 세워서 속사람들이 크게 발전하는 이런 축복을 체험해야 합니다.

인격이 변화하는 롤모델은 성경 속에 있다

저는 인간의 인격이 변화하고 성장하는 롤모델은 성경에서 찾아야 한

다고 생각합니다. 한 인격이 성장하고 변화하는 가장 드라마틱한 이야기
는 구약의 〈룻기〉에 나옵니다.

제가 한 사람의 인격이 변화하는 모델로 룻이라는 여자를 선택해서 살
펴보도록 하겠습니다. 성경에는 수많은 인물이 있지만, 룻이라는 여자를
모델로 택해서 우리들이 어떻게 변해야 하는지 찾아보겠습니다. 〈룻기〉
에 나오는 룻이라는 여자와 보아스라는 남자, 이 두 명을 택해서 집중적
으로 공부하면서 우리가 살아야 할 길을 찾아보겠습니다.

기원전 약 1,100년 전, 유대지방 베들레헴에 엘리멜렉이라는 남자에
게 나오미라는 아내와 두 아들이 있었습니다. 큰 아들은 말론이고, 둘째
아들은 기룐인데, 이 두 아들이 큰 기근이 나자 남의 나라 땅인 모압 지방
에 가서 살다가 그곳에서 이 두 아들이 각각 모압 여자, 오르바와 룻이라
는 여자와 결혼을 했습니다. 그런데 모압 지방에 산 지 십년쯤 되던 해에
그만 두 아들이 죽고 맙니다. 남의 나라 땅에서 살다가 남자들은 다 죽고
여자만 셋이 남은 아주 불행한 이야기입니다.

이 이야기의 시작은 이렇게 불행한 가족사로 출발합니다. 그런데 중
요한 것은 이야기의 시작이 아니라 끝입니다. 어디서 시작해도 끝이 어
딘가가 중요한 겁니다. 아무튼, 룻기에 기록된 이 집안의 얘기는 두 아들
의 죽음이라는 불행한 이야기로 시작합니다.

이 이야기를 가만 놓고 보면 우리 한국의 이야기 같다는 생각도 듭니
다. 우리에게도 불행한 과거가 있었습니다. 수천년의 역사 가운데 수많
은 외침이 있었습니다. 우리가 처한 지리적 조건 때문에 서쪽엔 중국, 북
쪽엔 러시아, 동쪽엔 일본이 있어서 우리는 그 중간에 끼어 있습니다. 그
래서 일본 사람들이 아시아를 가고 싶으면 우릴 밟고 가고, 중국 사람들

이 일본 가고 싶으면 우릴 밟고 가고, 또 러시아가 태평양으로 펼쳐 나가고 싶으면 우릴 또 밟고 지나갔습니다. 우리는 매번 이렇게 밟히고, 밟히면서 수천 년을 살아온 민족이요, 고난의 민족입니다.

펄 벅 여사가 한국에 대해 책을 한 권 썼습니다. 그 책의 제목이『살아있는 갈대(*Living Reed*)』라는 책입니다. 펄 벅 여사가 중국에 대해서는『대지(*Good Earth*)』라는 책을 썼는데, 중국에 대해서는 '대지'라는 제목으로 대하소설을 쓰고, 한국에 대해서는 '살아있는 갈대'라는 제목을 붙여놓은 걸 보면서 참 속상하더군요.

펄 벅 여사가 대학 2학년 때 한국에 온 후에『살아있는 갈대』를 썼습니다. 펄 벅이 왜 이런 책을 썼나? 펄 벅이 보기에는 조선이 대국들 사이에 껴있는데, 마치 갈대처럼 꺾일 듯 하면서도 꺾이지 않고 버티는 것을 보고 쓴 것 같습니다.

그런데, 살아있는 갈대 같던 이 조그마한 나라가 이제 세계 10대 경제국가 가운데 하나가 되었으니 이것이야말로 기적이고, 하나님의 큰 축복입니다. 우리도 시작은 불행했습니다. 엘리멜렉 가족처럼 시작은 순탄하지 않았습니다.

그런데 이렇게 불행한 출발 속에서 룻이라는 여자가 보아스를 만나서 결혼을 하면서 아주 훌륭한 인물로 나타납니다. 모압 여자 룻의 마지막은 어떤 모습이었습니까? 룻의 시작은 미미했지만 룻의 끝은 창대했습니다. 룻은 이스라엘 역사에, 성경 역사에 최고의 왕인 다윗대왕의 할머니가 되었습니다.

출발은 미약하고, 힘들고, 가난하고, 고난이 많았습니다. 하지만 이제 룻의 내면에 속사람이 변하고 인격과 품성이 변하니까, 모압의 젊은 과

부로 출발했던 여자가, 끝날 때에는 이스라엘 역사상 가장 위대한 왕인 다윗대왕의 할머니가 된 것입니다.

성경은 이것이 가능하다는 것을 보여줍니다. 물론 〈룻기〉의 내용은 룻의, 시어머니에 대한 효성을 보여주는 내용입니다. 하지만, 며느리인 룻과 시어머니인 나오미의 관계는 마치 이스라엘과 하나님의 관계처럼 보입니다. 또 예수님과 우리와의 관계를 상징적으로 보여줍니다, 그러면서 〈룻기〉는 우리에게 엄청난 희망을 줍니다. '아. 아무리 험하게 시작되어도 끝이 좋을 수 있구나.' 하는 희망을 보여줍니다. 우리가 지금은 어려움에 처해 있지만, 우리들의 내면세계가 변하고, 인격만 조금 개발하면 우리도 멋진 끝을 맺을 수 있다는 것을 보여 줍니다.

좋은 인품을 가지려면 좋은 말, 좋은 생각부터 가져야 한다

그런데 〈룻기〉를 보면, 좋은 인품과 좋은 인격을 가지려면 그 출발부터 괜찮아야 한다는 것을 보여줍니다. 부모가 자식들에게 이름을 지어줄 때는 최선을 다해서 좋은 이름을 지어주어야 합니다. 자식들의 평생을 따라 다닐 이름은 매우 중요합니다. 평생 그 이름을 들으면서 그 이름 속에 포함된 좋은 의미가 있다면 그 이름 때문에 자기의 자존감이 자기의 가치와 자신감이 나타날 것입니다.

그런데 엘리멜렉의 두 아들의 이름은 말론과 기룐이었습니다. 우리말로 번역하면, 말론은 '울보'라는 뜻이고, 기룐은 '병신'이라는 뜻입니다. 이름이 이런 뜻이니 두 아들의 생애가 좋을 리가 없지요. 기근을 피해 고향을 떠나 타향에서 살다가, 타국의 여자와 결혼했고, 그나마도 일찍 죽어버렸습니다.

그래서 좋은 결과를 기대하려면 아이들의 이름을 좋게 지어줘서 어릴 때부터 좋은 이미지를 심어주어야 합니다. 국민 전체의 문화를 위해서, 자식들의 정신 건강을 위해서, 다음 세대의 자존감을 위해서 이름을 잘 짓는 것은 중요한 일입니다.

우리 옛말에 "욕을 먹어야 오래 살고, 나쁘게 해야 잘 산다"는 말이 있는데, 이것은 잘못된 문화입니다.

다행히 요즘은 좋은 문화가 생겨서 자식들에게 좋은 이름, 예쁜 이름들을 지어주고 있어서 얼마나 다행인지 모릅니다.

제 이름은 김상복입니다. 그래서 저도 사실은 아버지께 제 이름을 왜 이렇게 지었는지 물어보고 싶었는데 6.25때 이산가족이 되어버렸습니다. 그래서 아버지께 물어볼 기회가 없었습니다. 그래서 다른 사람에게 복이 되라는 의미의 '상복'이라고 지으신 게 아닐까 하고 어릴 때부터 혼자 해석을 하곤 했습니다. 우리 부모님께서 나를, '나로 인해 다른 사람들에게 축복이 되도록 내 이름을 상복이라 지으셨다. 내가 들어가면 그 사람들에게 평화가 있고, 사랑받는 사람이 되라고 지으셨다'라고 해석을 하고 늘 그렇게 생각하니까 실제로 제 삶이 그렇게 변화되는 것 같은 생각이 들었습니다.

'내가 오늘 이 사람을 만났을 때 축복이 되었는지, 지금 이 시간에도 내가 만나고 있는 여러분에게 축복이 되었는지' 생각하게 됩니다. 그리고 또 실제로 내가 만나는 사람들에게 축복이 되고 싶다는 생각을 하게 되었습니다.

그런 생각을 자꾸 하다 보니까 내가 그렇게 되려고 애쓰게 됩니다. 늘 그런 생각을 하고 제 이름에 걸맞는 인생을 살려고 하다 보니까 정말 제가 '상복'이 된 것입니다.

어떻게 상복이 되었나? 제 위로 형제가 네 명이 있고, 또 제 밑으로 형제가 네 명이 있는데 윗사람들에게 축복이 되면 상복(上福)이 된 거고, 또 아랫사람들에게는 축복이 된 겁니다. 제 형제가 넷은 남쪽에 있고, 넷은 북쪽에 있고, 나는 미국에 있었습니다. 그래서 제가 우리 형제들 사이에, 우리 가족들 사이에 복이 되기 시작한 것입니다.

제가 미국에 있으면서 북쪽에 있는 가족들을 다 찾아서 남쪽에 연결을 시켜주고, 남쪽에 있는 형제들은 북쪽으로 데려다 주었습니다. 이러면서 남과 북을 연결 시켜주는 상복(相福)이 된 겁니다.

좋은 이름을 지어주면, 일평생 이름 때문에 저처럼 '정말 복이 되었으면 좋겠다' 생각하게 되고 실제로 그런 사람이 됩니다. 부모가 지어준 이름 때문에 우리에게 자신감을 주고, 우리들에게 긍정적인 이미지를 주게 됩니다. 좋은 인생의 목표를 주고 또 부를 때마다 다른 사람들이 즐거워하고 들을 때마다 좋고, 이렇게 출발한다면 이런 사람들은 이렇게 하면 그 한사람 때문에 그 사람이 잘됨으로 말미암아 그 사람을 통해서 가정의 축복이 될 수 있습니다. 그 사람 때문에 교회의 축복이 될 수 있고, 이웃에 축복이 되고, 직장과 사회와 심지어 세계의 축복이 될 수 있다는 말입니다.

사람은 한 명이지만, 우리 한 사람, 한 사람 속에 하나님이 만들어 주신 좋은 이미지와 이런 것들을 형성해 나가서, 자신감과 자존감과 자기에 대한 가치를 우리 안에서 발견하면서 살아가면 좋겠습니다.

사람 사이의 관계 속에 하나님의 섭리가 숨어 있다

다시 〈룻기〉로 돌아가 살펴보겠습니다. 두 아들이 모두 죽자 시어머니인 나오미가 며느리들에게 집으로 가라고 권고했습니다. 그런데, 두 며느리는 어머니를 따라가겠다고 합니다. 효심과 부모 공경하는 태도가 훌륭했습니다.

부모공경은 아주 중요합니다. 사람이 잘 되려면 부모 공경을 잘해야 됩니다. 그래서 성경에서는 십계명 중에서도 "네 부모를 공경하라, 이것은 약속 있는 첫 계명"이라고 말씀하고 있습니다.

사람이 성공하는 것을 잘 보면, 여러 가지 이유가 있지만 미국의 연구보고서에 따르면, 성공의 80:20 원리가 있다고 합니다. 그 원리를 보면, 20은 자기 전문분야의 기술이고, 나머지 80은 대인관계라는 것입니다. 그만큼 대인관계가 중요합니다. 아무리 머리가 좋아도 관계가 나쁘면 자기 역할을 발휘하지 못합니다.

제가 일찍 미국으로 유학을 갔는데, 박사학위를 받고 33살에 미국 신학대학에서 교수가 되었습니다. 그때 닥터 오데오라는 교수님이 있었는데 이 교수님은 머리는 좋은데 자기 강의를 힘들고 어렵게 가르쳐서 아무도 못 알아들었습니다. 그래서 하루는 총장이 불러서 "시작할 때는 학생들이 많다가 왜 가면서 학생이 점점 줄어드느냐?"라고 물었더니, 이 교수가 대답하는 말이 "학생들에게 내가 지성인이고, 똑똑한 사람인 걸 알리기 위해서 어렵게 강의한다"고 대답했습니다.

교수는 학생들에게 축복이 되어야 하고, 학생들이 교수보다 더 훌륭한 사람이 되도록 만들어야 하는데, 이 교수는 자기가 똑똑하고, 위대한 것만 생각을 한 것입니다. 그러니 학생들하고 관계가 좋을 리가 없습니다.

그래서 총장님께 세 번이나 불려가 "학생들에게 잘해서 좋아하게 하라"는 말을 들었는데도 말을 안 들었습니다. 총장에게 세 번이나 불려가서 말을 안 들었다면 이 교수는 인격이 부족한 것입니다. 머리는 좋지만 인품, 인격이 부족한 것입니다.

그래서 결국 총장이 그 교수를 해고를 시키고, 저보고 그 교수 대신에 가르치라고 했습니다. 저는 강의에 들어가서 그 교수하고는 정반대로 가르쳤습니다. 학생들이 알아듣기 쉽게 가르쳤습니다. 그랬더니 '올해 최고의 신임교수'라는 상을 받았습니다. 교수는 자신이 똑똑한 것도 좋지만 학생들과의 관계가 더 중요합니다.

그래서 저는 우리 집 아이들이 대학에 들어갔을 때, "제일 먼저 그 과목의 교수를 찾아가서 이 과목이 좋아서 선생님을 택했다"고 말씀을 드리라고 했습니다. 5,6분 정도 제일 먼저 인사를 하면서 교수와 관계를 좋게 하라고 말했습니다. "교수의 메일함에 메시지를 남겨라. 그러면 수십 명의 학생들 사이에서 교수님이 너를 알아볼 거다" 조언했습니다. 교수님과 좋은 관계를 먼저 만들라고 조언한 것입니다. 나중에 리포트를 쓰거나 논문 쓰고 나면 교수님하고 좋은 관계를 가진 아이들이 조금이라도 더 나은 점수를 받게 됩니다. 관계 때문에 그렇습니다.

지금까지 성공한 변호사, 의사, 교수, 비즈니스맨들이 다 관계가 좋았다는 공통점이 있다고 합니다. 그래서 좋은 관계를 좀더 일찍부터 개발할 필요가 있습니다.

인생은 출발이 좋아야 한다

오르바와 룻은 그 시어머니와 가족에게 관계에서 친절했습니다. 룻기 8절에 보면 "나오미가 두 며느리에게 이르되 너희는 각기 너희 어머니의 집으로 돌아가라 너희가 죽은 자들과 나를 선대한 것같이 여호와께서 너희를 선대하시기를 원하노라" 하고 시어머니로부터 축복을 받습니다. 시어머니를 잘 모시고 선대했기 때문에 축복을 받는 겁니다. 심는 대로 거두는 겁니다. 콩을 심으면 콩이 나오고, 팥을 심으면 팥이 나오는 거지요.

'선대하다'는 표현은 '친절히 대했다'는 뜻입니다. 사람에게 언제나 시부모님이나 남편에게 친절성이 있었다. 가족관계를 중시했고, 친절한 선대함이 있었다. 이런 것들이 인격을 형성하는 겁니다.

그럼 이런 것들을 어디서 배울까요? 결혼하기 전까지 집에서 부모와의 관계에서 배우는 겁니다. 그래서 하나님께서 "자녀들아 네 부모를 공경하라" "자녀들아 네 부모를 순종하라 이것이 옳으니라"고 하신 것입니다. '옳으니라'는 마땅하다는 뜻입니다. 이것은 토론의 여지가 없는 우주의 원리요, 인간이 성공하는 첩경입니다.

집에서 자라고 배우는 동안에 부모와의 관계에서 좋은 존경의 관계, 사랑의 관계, 공경하는 관계를 잘 해 놓아야 합니다. 집에 있을 때 자기 형제, 자매들과 좋은 관계를 맺으면서 늘 친절하고, 덕을 입히고, 늘 선을 이루는 이러한 종류의 사람으로 성장해야 합니다. 관계 형성하는 법과 성공적 관계를 집에서 배워야 합니다. 그러면 집에서 매일 훈련한 것이 밖에 나가면 학교에서도 친구들과 선생님, 동네친구들, 직장에서 상사와 동료들과의 관계가 좋아지는 겁니다. 집에서부터 오랫동안 훈련을 하면 그것이 좋은 관계의 습관이 되는 겁니다. 생각이나 말이나 태도나 행동, 표현이나 느낌 이런 것들을 하나 둘씩 꾸준히, 자연스럽게 제2의 본성처럼 좋은 습관들을 많이 개발을 하면 그것이 좋은 인격이 되는 것입니다. 그래서 좋은 인격이 되면, 좋은 인생이 우리에게 오는 겁니다. 복된 인생이 오는 것이죠.

나오미와 두 며느리의 관계를 보니까 두 며느리가 부모를 공경하는 아름다운 모습이 있었습니다. 친절하게 윗사람들에게 잘 관계하는 것들을 볼 수 있습니다. 이런 좋은 관계들을 길러줘야 탁월한 인격이 자라납니다. 이런 작은 관계에서부터 탁월해야 그런 것들이 모여서 탁월한 인격이 되는 겁니다.

이것은 부모가 자식에게 그냥 줄 수 없고, 각자가 자기 인격을 훈련하고 길러야 되는 것입니다. 그래서 이런 관계 훈련이 잘되었던 오르바와 룻은 시어머니인 나오미가 "너희는 각각 너희 어미의 집으로 돌아가라"고 했을 때 "우리는 어머니와 함께 어머니의 백성에게로 돌아가겠습니다"라고 할 수 있었던 것입니다. 평소에 시어머니는 며느리를 걱정해주고, 며느리들은 시어머니를 공경하는 관계가 잘 형성되었기 때문에, 자기 자신보다는 먼저 상대방을 배려하는 행동들이 나올 수 있었던 것입니다.

그러자 시어머니인 나오미가 말합니다. "내 딸들아 돌이켜 너희 길로 가라. 나는 늙었으니 남편을 두지 못할 것이다." 그러면서 너희 고향 부모의 집으로 돌아가라고 하니, 오르바는 목소리를 높여 울다가 고향으로 돌아가고, 룻은 "돌아가라 강권하지 마옵소서 어머니 가시는 곳에 나도 가고 어머니 유숙하는 곳에 나도 유숙하겠나이다" 하며 시어머니인 나오미를 따라 나섭니다. 그러면서 말하기를 "만일 내가 죽는 일 외에 어머니와 떠나면 여호와께서 내게 벌을 내리시고 더 내리시기를 원하나이다"라고 했습니다. 목숨을 걸고 시어머니를 따르겠다는 것입니다. 그것도 그냥 따르겠다는 것이 아니라 여호와의 이름을 걸고, 신앙의 이름으로, 신앙의 힘으로 어머니를 따르겠다고 하였습니다.

이러자 더 이상 나오미도 룻을 말리지 못하고 고향인 베들레헴으로 룻을 데리고 갔습니다. 며느리인 룻과 시어머니인 나오미 사이에 형성된 돈독한 사랑과 공경의 관계가 두 사람을 하나로 묶었습니다. 시어머니와 남편을 통해 배운 여호와 하나님에 대한 신뢰가 룻에게 낯선 어머니의 고향으로 따라가는 결단을 이루어내었습니다.

그리고 그 결단을 통하여, 결국 룻은 다윗의 조상인 보아스를 만나게 됩니다. 이 모든 것을 예비하신 것은 하나님이셨지만, 하나님께서 역사하실 수 있도록 충분한 관계 형성을 통하여 준비된 모습을 가진 룻과 나오미가 있었기 때문에, 이스라엘 역사에 가장 위대한 왕인 다윗이 룻의 몸을 통하여 세상에 나올 수 있었던 것입니다.

평소에는 아무 것도 아닌 것 같은 며느리와 시어머니의 관계 속에서도 하나님께서는 역사하십니다. 이 두 여인의 관계 형성 속에 하나님은 이스라엘의 역사를 준비하셨습니다.

따라서 지금 내가 관계 맺고 있는 모든 것들에 충실해야 합니다. 지금 나와 나를 둘러싼 사람들과 맺고 있는 관계를 통하여 하나님께서 어떻게 역사하실지는 아무도 모르기 때문입니다. 사람과 사람 사이의 관계 속에 역사하시는 하나님의 섭리가 숨어있기 때문입니다.

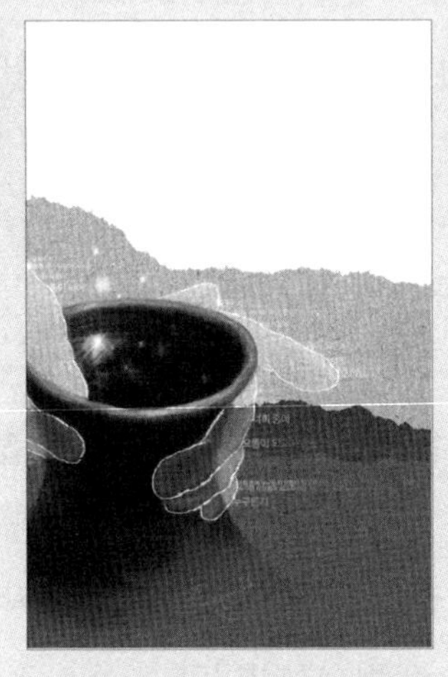

인생은 결국 선택입니다. 인생은 작은 것부터 결정을 하고 선택을 하면서 살아야 합니다. 행복을 원하면 작은 행복들을 꾸준히 선택하고 좋은 선택들을 훈련하고, 결정해야 합니다. 평소에 꾸준히 작고, 좋은 선택들을 하면 그것이 어느 날 큰 행복으로 나타나는 것입니다. 그래서 가치 있는 선택을 해야 합니다.

제6장

탁월한 인격은 습관이다

사람이 태어나 살아가면서 사람의 힘으로 어쩔 수 없는 것들이 몇 가지 있습니다. 그 중에 가장 대표적인 것이 나이입니다. 시간이 지나 나이가 들고 늙어가는 것은 누구도 막을 수 없습니다. 운동을 하고, 좋은 것들을 먹고, 좋은 화장품을 바르고 하면서 늙어 보이는 것을 조금은 감출 수 있겠지만, 그것도 어느 정도까지이고 결국 사람은 누구나 나이 들고 늙어가게 마련입니다.

나이는 시간이 지나가면 누구에게나 공평하게 올라갑니다. 한꺼번에 두 살 먹는 사람도 없고, 한 해에 반 살만 먹는 사람도 없습니다. 나이가 들면 시간과 함께 어쩔 수 없이 우리의 몸도 나이를 따라갑니다. 나이가 들면 몸이 약해지기도 하고, 병이 들기도 하는 것이 하나님의 섭리입니다.

그래서 어느 정도 나이가 들면 마음은 원이로되 육체가 약해서 몸이 생각을 따라가지 못하고 말을 듣지 않는 경우가 생깁니다. 생각은 여전히 젊어서 다 할 수 있을 것 같은데 손발이 말을 듣지 않아 하지 못하는 경우가 생깁니다. 이것도 어쩔 도리가 없습니다.

어느 날 어떤 권사님께서 제게 "목사님 앞으로는 마음으로 살지 마시고 몸으로 사세요"라고 말씀하셨습니다. 가만히 생각해 보니 그분 말씀이 옳은 것 같습니다. 예전에는 마음이 몸을 주관했습니다. 마음이 원하면 몸은 언제든 따라가 주었습니다. 그런데 나이가 들어서 이제는 몸이 마음의 말을 듣지 않습니다. 그것을 무시하고 마음으로 그냥 몸을 밀어부치면 몸이 견디지 못하고 깨져 버립니다. 어딘가 쑤시기도 하고 부러지기도 하고 몸이 다치는 일들이 생깁니다.

몸이 나이와 함께 늙고, 병들고, 마지막에 가서는 결국 죽어 한줌의 흙으로 돌아가는 게 인간입니다. 어쩔 수 없습니다. 나이가 든다는 것은 인간인 우리 모두가 경험하는 가장 공평한 경험입니다. 그래서 나이가 듦에 따라서 경험하는 여러 가지는 대부분 비슷합니다.

겉사람은 늙어도 속사람은 늙지 않는다

그러나 우리가 우리의 노력으로 계속 성장하거나 발전할 수 있는 한 가지가 있습니다. 늙지도 않고 병들지도 않고 늘 건강한 상태로 유지할 수 있는 한 가지가 있습니다. 그것은 바로 우리의 마음입니다. 몸은 어쩔 수 없지만, 마음만은 계속적으로 성장하고, 발전할 수 있습니다. 그래서 성경에서도 말씀하시기를, "겉사람은 후퇴하나 속사람은 날마다 새로워진다"고 기록하고 있습니다.

날마다 속사람이 새로워지고 더 젊어지는 길, 바로 예수 믿는 사람의 길입니다. 그래서 우리의 최고의 날은 언제인가. 우리는 계속 성장하고, 발전하고, 성취하고, 개발해서 우리의 마지막 날은 우리가 천국 문을 열고 들어가는 그 날이 될 것입니다. 그래서 그 날이 예수 믿고 하나님을 아는 사람의 최고 인생의 날이 될 것입니다.

룻기를 통해 우리는 인생은 출발이 좋아야 한다는 것에 대해 생각해 보았습니다. 좋은 이름, 좋은 관계를 가지는 것이 출발은 비슷해 보이나 그 끝에 있어서는 커다란 차이가 있을 수 있다는 것을 룻과 나오미와의 관계를 통해 살펴보았습니다.

첫 번째로, 어릴 때부터 좋은 이름 가지고, 듣기 좋고, 삶의 목적을 긍정적인 것에 둘 수 있도록 생각하고 훈련하면 그 삶이 더욱 건강하고 풍성해진다는 것을 살펴보았습니다.

그리고 두 번째로는 사람과 사람 사이의 관계가 좋아야 한다는 것을 살펴보았습니다. 특별히 그 관계훈련의 80:20 관계는 주로 집에서 훈련된다는 것을 배웠습니다. 부모와 자식 관계에서, 형제관계에서 매일 매일 좋은 대인관계 습관이 중요하다는 것을 룻과 나오미의 삶을 통해 배웠습니다. 평소의 인간관계에서 친절하고, 착하게 하고, 유익하게 하고, 복되게 하고 다른 사람에게 축복이 되는 이런 훈련을 집에서 미리해서 밖으로 나가는 것이 필요합니다.

그래서 내면의 인격적 자질을 가지고 좋은 것들을 많이 개발한 사람들이 좋은 인격을 가지면 결과적으로 좋은 인생을 산다는 겁니다. 이런 것들을 전혀 모르고 본능대로 살면 몸도 마음도 망가져가고 아무것도 아닌 인생으로 끝날 수 있습니다. 우리의 인생이 대부분 이런 위험 위에 놓여 있습니다. 그리고 실제로도 세상에는 예수님을 모르고, 인생의 참 의미를 알지 못하는 채 살아가는 사람들이 얼마나 많습니까.

하지만 예수 믿는 사람은 그렇지 않습니다. 비록 몸은 늙고 겉사람은 후퇴하지만 예수 그리스도가 마음의 중심에 있는 우리 믿는 사람들은 속사람은 날마다 왕성해지도록 개발해야 됩니다.

탁월한 인격을 위해서는 습관이 중요하다

이제 인생을 위한 탁월한 선택, 그 세 번째를 살펴보겠습니다. 인생을 위한 탁월한 선택 세 번째는 습관이 중요합니다. 즉, 어떤 습관을 가지느냐가 우리의 인생의 방향과 결과를 결정합니다. 그래서 가치 있는 선택을 잘하는 것이 중요합니다.

우리 인생은 매일 매일이 선택입니다. 우리는 하루에도 수십 가지 선택을 하는데 때때로 우리가 내리는 선택이 별로 중요해 보이지 않을 수도 있습니다.

그러나 인생에 있어서는 사실 작은 선택들이 중요한 것입니다. 왜냐하면 그 작은 선택들이 반복되어 습관을 만들기 때문입니다. 그리고 그 습관들이야말로 바로 나 자신의 인격이기 때문입니다.

평소에 좋은 선택을 하는 것이 중요합니다. 작지만 평상시에 선한 선택들, 좋은 선택들, 행복한 선택들을 꾸준히 하면 우리의 습관이 달라지고, 우리의 인품이 달라지고, 우리의 인생이 달라집니다.

예수님도 말씀하시기를 "너희가 작은 일에 충성하면 너희에게 큰일을 맡기겠다"고 하셨습니다. 똑같은 원리입니다. 인생은 어차피 선택입니다. 여러분이 배우자를 잘 선택하면 평생이 행복하지만, 배우자를 잘못 선택하면 평생이 고생이고 고난의 길이 되기도 합니다.

인생은 계속적인 선택의 연속입니다. 그래서 우리는 매순간 생각 없이 본능대로 살아가면 안 되는 겁니다. 훌륭하고 탁월한 인격이 되려면 꾸준히 좋은 선택, 옳은 선택을 하는 습관을 길러야 합니다.

그런데 사실, 선택이 많으면 힘들긴 힘듭니다. 제가 미국에 처음 갔을 때의 일입니다. 미국에 가서 식사를 해결하기 위해 햄버거 가게를 갔는데 사진을 보고 선택을 하라는 겁니다. 그래서 제가 잘 몰라서 햄버거 하나를 선택하는 데도 엄청 고생을 했습니다. 겨우 햄버거를 선택하고 나니까 음료수는 뭘로 할거냐, 크기는 뭘로 할 거냐 등등 계속 선택을 하라는데, 새벽부터 결정을 하라고 하니까 스트레스를 받아서 심장병에 걸리는 줄 알았습니다.

그러나 인생은 어차피 그렇게 뭔가를 선택하고 결정해야 하는 일의 연속입니다. 미국사람들은 그렇게 선택하고 사는 게 일상사니까 잘 하는데 저는 한국에서만 살다 미국 처음 가서 햄버거에서부터 작은 것 하나하나까지 선택을 하라고 하니까 힘들었던 것입니다.

인생이란 선택의 연속이다

인생은 결국 선택입니다. 인생은 작은 것부터 결정을 하고 선택을 하면서 살아야 합니다.

여러분의 행복한 인생은 여러분의 선택입니다. 평상시에 이미 작은 것들을 반복해서 불행한 것들로 선택해 놓고 나중에 가서 인생의 행복을 기다리는 것은 우주의 농사법에 안 맞습니다. 행복을 원하면 작은 행복들을 꾸준히 선택하고 좋은 선택들을 훈련하고, 결정해야 합니다. 평소에 꾸준히 작고, 좋은 선택들을 하면 그것이 어느 날 큰 행복으로 나타나는 것입니다. 그래서 가치 있는 선택을 해야 합니다.

롯기에서 나오미도 두 며느리들을 보고 선택을 하라는 것입니다. 오르바와 룻의 형편이 비슷합니다. 둘 다 모압 여자이고, 젊고, 과부입니다. 즉, 오르바와 룻의 출발점은 똑같습니다.

똑같이 출발을 하기 위해 준비를 하고 있는데 14절에 보면 이런 선택이 있습니다.

"그들이 소리를 높여 다시 울더니 오르바는 그의 시어머니에게 입 맞추되 룻은 그를 붙좇았더라."

이 롯기 1장 14절이 두 여자의 인생을 완전히 갈라놓았습니다. 출발점은 똑같았습니다. 시어머니가 "너희는 너희를 위해서 살아야 된다" 얘기를 하는데 오르바는 시어머니에게 마지막 작별의 키스를 하고, 룻은 하지 않았는데, 이 작은 차이가 두 여자의 운명을 정반대로 바꾸어 놓았습니다.

처음 출발할 때는 작은 차이였고, 작은 선택이었습니다. 이 작은 선택 하나가 방향을 정해놓으니까 그것이 몇십 년 후, 작별키스를 안한 룻은 다윗왕의 할머니가 되어 있고, 오르바는 1장 14절에서 키스했다는 말 외는 더 이상의 언급이 없이 역사 속에서 사라졌습니다.

이 선택이 어떤 선택이냐? 인생의 사는 방법과 인생의 가치를 선택하는 것이었습니다. 오르바는 자기에게 편한 것, 익숙한 고향과 부모를 선택했고, 룻은 며느리로서 마땅히 가야 될 길을 선택했습니다.

이것이 두 여자의 운명을 갈랐습니다. 자기가 가고 싶은 것, 쉬운 것을 선택한 것이 아니고, 마땅히 내가 가야 될 길을 선택한 겁니다.

그것이 쉽든지, 어렵든지는 상관없습니다. 가야 될 길, 정당한 길, 마땅한 길을 가야 합니다. 그렇지 않으니까 나중에 문제가 생기는 겁니다. 가야 할 길을 가야 하는데 편리한 길, 내 자식과 자신에게 유익한 길만 선택하다 보니까 문제가 생기는 겁니다.

하나님 앞에서 가야 될 길을 가는 사람의 마지막은 축복입니다.

당장은 아닌 것 같고, 앞길이 안 보이는 것 같지만 이것이 하나 둘씩 모이고 쌓여 한 사람은 다윗왕의 할머니가 되고, 뿐만 아니라 예수님의 조상이 되었습니다. 마태복음에 예수님의 조상 이름 가운데 여자 이름이 몇 안 되는데 그 중의 하나가 룻의 이름입니다. 뿐만 아니라 구약 성경 중의 한권이 되었습니다.

자기한테 편하고, 좋고, 즐거운 이런 인생만을 선택하면 안 됩니다. 궁극적인 하나님의 길, 말씀의 길, 주님이 원하시는 주님의 뜻을 선택해야 합니다. 당장은 불편해도 하나씩 꾸준히 선택하면 인생에 좋은 습관들이 생기고 모여서 탁월한 인격을 이루는 것입니다.

행복은 선택입니다. 인격도 선택입니다.

이런 생각을 해 보지도 않고, 이런 것들이 중요한지 알지도 못하고 본능대로 살아가서 대한민국이 잘 되겠습니까? 그렇지 않습니다. 좋은 차를 가지고 많은 돈을 벌 수 있을지는 몰라도 좋은 인격은 가질 수 없습니다. 참된 행복을 누릴 수 없습니다.

그래서 우리가 평소에 이런 선택의 문제를 심각하게 생각하면서 늘 평생에 꾸준히 여러분의 선한 선택들이 계속 되기를 원합니다.

아이들 키울 때도 부모님이 다 선택해주면 아이들이 인생에서 선택할 줄을 모릅니다. 자기 인생에서 마땅히 가야 될 길이 무엇인지를 스스로 판단해서 선택하게 해야 합니다. 아이들에게 스스로 선택하는 훈련을 시켜야 합니다. 그래서 그 아이들이 좋은 선택들을 통해 우리의 후손들과 대한민국 사람들이 훌륭한 국민이 되기를 바랍니다. 좋은 선택의 습관으로, 좋은 인격들을 양성해서, 좋은 인격을 가진 한국 사람이라는 것을 알게 되는 그날이 오게 되기를 원합니다.

드디어 룻은 나오미와 베들레헴으로 돌아가는 것을 선택을 합니다. 십년 만에 고향에 돌아오니까 고향사람들이 반갑게 맞아주며 기뻐합니다.

그런데, 나오미가 말하기를 "앞으로는 나를 나오미라 부르지 말고 마라라고 부르라"고 합니다. 나오미는 '쾌활한 성격을 가졌다'는 뜻입니다. 좋은 뜻을 가진 이름이지요. 그런데 마라는 '쓰다', '슬프다'는 뜻입니다. 나쁜 뜻을 가진 이름입니다.

즉, 나오미의 말은 "내가 이 땅을 떠날 때는 풍성하게 떠났지만 돌아올 때는 빈손으로 돌아왔으니 나오미가 아니라 마라다"라며 하나님께서 이런 인생을 주셨다고 불평을 하는 것입니다.

룻기 1장 21절 "내가 풍족하게 나갔더니 여호와께서 내게 비어 돌아오게 하셨느니라 여호와께서 나를 징벌하셨고 전능자가 나를 괴롭게 하셨거늘 너희가 어찌 나를 나오미라 부르냐 하니라."

이렇게 인생의 어려움이 닥쳤을 때 어려움 당하는 그것을 보고 하나님이 자기를 징벌했다고, 나를 싫어하셔서 나를 괴롭히고, 나를 망하게 만들었다고 하나님을 원망하는 말을 나오미가 했습니다.

우리도 조심해야 합니다. 인생을 살다보면 나오미처럼 느껴질 때가 있습니다. 그러나 우리가 불평을 해도 우리가 연약한 인간인 것을 아시니까 하나님은 이해를 하십니다. 얼마나 감사한지 모릅니다.

사실, 어려움이 닥칠 때, 거기서 믿음이 나타납니다. 믿음은 위기를 맞을 때 나타납니다. 우리는 흔히 우리의 믿음은 아무 문제도 없고 다 잘되고 있을 때 좋은 믿음인 줄 압니다. 하지만 인생은 그렇지 않습니다. 늘 좋은 일들만 있는 인생은 없습니다. 잘될 때도 있고 잘못 될 때도 있는 것이 인생입니다.

잘되고 있을 때는 좋은 믿음이고, 잘못되고 있다고 믿음이 나쁜 것으로 판단할 수는 없습니다. 인생이 잘되어도, 잘못되어도 그 둘을 통해서 하나님의 영광을 드러내는 것이 믿음입니다. 믿음이란, 잘 되고 못 되는 일의 결과가 아니라 그 일을 대하는 인격의 태도입니다.

믿음이란 마치 결혼서약과 같습니다. 슬플 때나 기쁠 때나, 어려운 일이 있을 때나 기쁜 일이 있을 때나 늘 변함없이 부부가 함께 하는 것처럼, 믿음도 인생의 모든 순간을 함께 하는 것입니다.

우리는 믿음을 늘 잘 되는 것으로만 생각하면 안 됩니다. 오히려 어려움을 통해서 인격이 길러지고 믿음이 길러지는 겁니다.

나오미가 고향인 베들레헴으로 돌아갔을 때 나오미가 조금 더 좋은 인격이 준비되어 있었다면 자신의 고통 속에서 섭리하시는 하나님의 섭리가 있을 것이라는 믿음을 가졌을 것입니다. "나의 삶 속에 하나님의 뜻이 어딘가에 있을 것이다 나는 모르지만 하나님께서 이 삶을 통하여 나에게 무엇인가를 가르쳐 주려고 하시고, 나의 인격을 성장시키고, 나를 승화시켜서 하나님께서 영광 받으시기를 원하실 것이다"라고 고백했을 것입니다.

욥기 1장 21절에 보면 "주신 이도 여호와시오 거두신 이도 여호와시니 여호와의 이름이 찬송을 받으실지니이다"라고 고백하고 있습니다. "내 삶을 통하여 영광 받으시기를 원하노라" 이렇게 말하는 고백이 바로 인격입니다. 이런 사람들이 되도록 습관을 훈련하고, 인간관계를 훈련하고 믿음을 훈련하자는 겁니다. 그래서 매일 매일의 선택이 중요합니다.

나오미나 욥이나 둘 다 고통스러운 삶을 살았습니다. 나오미는 남편도 죽고 두 아들마저 죽고, 며느리 하나만 겨우 데리고 고향으로 돌아왔습니다. 욥도 자식들도 모두 죽고 자신은 병에 걸리고, 최악의 상황을 맞았습니다. 그러나 비슷한 상황에서 나오미는 하나님을 원망하고 자신의 인생을 한탄하는 말을 했지만, 욥은 하나님께 영광을 돌렸습니다. 매일 매일의 선택의 습관, 인간관계의 선택이 이렇게 커다란 믿음의 차이를 보였습니다.

신앙은 개인적인 선택이다

룻기를 살펴보면 룻은 또다시 개인적인 신앙을 선택하는 것을 발견할 수 있습니다. 신앙은 개인적인 선택입니다.

하나님을 믿지 않는 무신론자들이라고 해서 믿음이 없는 것은 아닙니다. 무신론자들이 유신론자들보다 큰 믿음이 있습니다. 무신론도 믿음입니다. 하나님이 계신지 안 계신지 어떻게 압니까? 무신론자는 하나님이 없다고 믿는 겁니다. "나는 하나님이 없다고 믿습니다"라는 신앙고백을 하는 겁니다. "나는 개인적으로 하나님이 없다고 믿으며 살고 있고 나의 신앙입니다" 이것이 무신론자들의 신앙고백입니다.

우리 예수 믿는 사람도 마찬가지입니다. 우리도 믿음을 선택하고 신앙고백을 하는 것입니다. 우리는 "하나님께서 살아 있다고 믿습니다"라는 믿음의 신앙고백을 가진 사람들입니다. 예수 믿는 사람에게는 증거가 있습니다. 예수님이 계시고, 십자가에서 부활하신 것이 있고, 예수님의 생애에 기적이 있고, 여러 가지 가르치심과 예수님의 삶과 그분의 죽음과 태어나심과 역사적인 증거가 있고, 또 예수를 믿었을 때 믿는 사람들의 삶에 나타는 역사적인 증거들이 있습니다. 그 증거들을 보고 우리는 예수님을 믿는 것입니다.

우리는 무신론자들이 보지 못하는 수많은 증거를 보니까 그 증거에 따라서 자연스럽게 하나님이 살아계신 분이라는 믿음을 갖게 된 것입니다.

그래서 하버드의 철학자는 이런 말을 했습니다. "하나님을 믿는 것이 안 믿는 것보다 낫다."

신앙은 선택입니다. 철저하게 개인적인 선택입니다. '우리는 하나님의 자녀다. 하나님의 형상으로 창조된 사람들이다. 우리는 하나님이 직접 만든 특별한 사람들이다. 우리를 영원히 사랑하는 하나님 사랑의 대상들이요 우리는 계속해서 예수 그리스도안에서 창조되고 있는 걸작품이다.' 이것을 믿고 선택하는 바로 그것이 믿음입니다.

룻은 1장 16절에 말하기를 "어머니의 하나님이 나의 하나님이 되시리니"라고 합니다. 참되신 창조자 하나님을 나의 하나님으로 믿기로 결정을 하고 선택을 한 것입니다.

이 한가지의 선택이 엄청난 변화를 가져옵니다. 하나님이 계시다고 믿고 선택한 사람과 하나님이 안 계시다고 선택한 그 차이는 엄청난 차이가 납니다. 하나님을 믿는 선택을 한 순간부터 우주가 따뜻해집니다. 온 세상이 환해집니다. 그 전에는 보이지 않던 미래가 보입니다.

저도 하나님이 계신지 의심하던 시대가 있었습니다. 어느 때였나 하면, 목회자가 된 다음인 1970년대 중반이었습니다. 그때 하나님에 대한 의심이 생기고 나 자신의 믿음에 대한 의심이 생겼습니다. '내가 예수 믿는 가정에 태어났기 때문에, 없는 것을 가지고 있다고 믿는 것은 아닌가?'하는 의심이 생겼습니다. 그런데 막상 이런 의심이 한번 생기니까, '내가 인생을 잘못 사는 것 아닌가?' 하는 생각이 들고 그러자 갑자기 세상이 캄캄해졌습니다.

제가 대학 다닐 때 실존주의를 공부했는데, 실존주의 철학자들은 말하기를 "인생은 의미가 없다"고 말합니다. 저도 '인생이 한줌의 흙이요 세상에 의미가 없다'고 생각하니까 궁극적인 삶의 의미가 없어졌습니다. 제 인생이 어떤 목적이나 계획에 의해서가 아니라 그냥 저절로 생겼다고 생각하니 살맛이 안 나더군요. '그럼 무엇 때문에 인생을 살아야 되나?' 이런 고민들을 하면서도 그리고 제가 목회자다 보니 설교는 계속해야 했습니다. 그랬더니 제 속에서는 너무나 어두운 갈등이 생기더군요.

약 한달 반 동안 그랬는데 제가 도저히 못 살겠더군요. 삶의 의미가 아무것도 없었습니다. 너무 견딜 수가 없어서 교회로 들어가 불을 다 꺼놓고 혼자 기도를 했습니다. "하나님이 계신지 안 계신지 알 수가 없고, 만약에 하나님이 안 계신다면 제 삶은 의미가 없습니다. 하나님이 계신지 안 계신지 인간인지라 증명할 수는 없지만 저는 오늘부로 하나님을 믿습니다"라고 고백을 했습니다. 그러고나서야 비로소 제 마음에 평화가 찾아왔습니다. 하나님을 믿는 믿음을 선택한 후에 비로소 제 삶의 의미가 돌아왔습니다.

믿음은 개인적인 신앙의 선택입니다. 물론 신앙을 가지고 믿고 나면 그 전에는 보이지 않던 하나님에 대한 증거, 믿음에 대한 증거들이 보입니다. 믿음을 뒷받침 해주는 증거들이 나타납니다. 그래서 믿는 사람들은 시간이 갈수록 점점 신앙이 굳어지는 겁니다. 증거를 체험하고 또 체험하니까 우리의 신앙은 점점 강해지고 하나님의 신뢰감이 깊어지고 믿음이 점점 좋아지는 것입니다

이 모든 것이 다 선택입니다. 믿음은 선택입니다. 하나님은 우주의 창조자이십니다. 우주의 창조자라는 것이 중요하지만 그 창조자가 나의 하나님이 될 때만 비로소 우주가, 하나님이 내게 의미가 생기는 것입니다. 그러고나서 믿음의 눈으로 우주를 쳐다보니 놀랍고 신기하고, '이 공간이 이렇게 방대한 것을 보니까 이 우주를 창조하신 하나님은 정말 대단하신 분이구나. 이 우주를 보니까 하나님은 지혜로우신 분이구나. 우리 가슴속에 사랑을 넣어주시는 것 보니까 사랑의 하나님이시구나. 하나님

은 우주를 운행하는 것을 보니까 능력자이시구나.' 하는 믿음과 찬양이 나오게 되는 것입니다.

증거는 얼마든지 있습니다. 하나님은 살아 계시고 나의 하나님이 되신다는 것을 믿고 성경을 읽으면 창세기 1장 1절에, "태초에 하나님이 천지를 창조하시니라" 이 말씀을 읽으면서 탄복을 하게 되는 겁니다. 하나님을 모르고, 믿지 않았을 때는 아무런 의미가 없었던 말이 하나님을 알고 믿기로 선택한 순간, 전혀 다른 의미로 내게 다가오게 되는 것입니다.

여러분들은 하나님 믿기로 잘 선택하셨습니다. 우주를 창조하신 하나님도 나의 하나님이 될 때부터 의미가 있는 것입니다. 아무리 모태 신앙이라고 해도, 습관적으로 교회에 다니면 아무런 의미가 없습니다. 부모님의 신앙이 내 신앙이 될 때 그때부터 의미가 있습니다.

이런 변화를 추구하기 위해서 가장 중요한 것이 하나님을 믿는 믿음입니다. 하나님이 예수 그리스도를 통해서 인간에게 거저 주시는 영원한 영적인 생명, 그 생명을 받아들이는 것입니다.

예수님을 믿고 받아들이면 그때 비로소 사람은 거듭납니다. 지금까지는 자연인이요 육에 속한 사람이었지만, 예수 그리스도가 주시는 영생을 통해 예수님을 영접할 때 사람은 거듭납니다. 예수 그리스도가 나의 하나님, 나의 주가 될 때 새로운 영적인 것이 안에 생기니까 그때 영적인 사람이 되는 것입니다. 그때부터 새 출발을 하는 것입니다. 그 속에 영적인 생명이 생기니까 새 생명이 자라나는 것입니다.

예수 그리스도를 통해 거듭나고, 내 속에 새 생명이 자라면서, 인격적인 것까지 배워가면서 우리가 인격적인 성장을 해 가는 것입니다.

그래서 선택이 중요합니다. 개인적으로 하나님 앞에 어떤 삶을 살 것인지, 하나님에 대한 관계를 어떻게 설정할 것인지 선택하는 것이 중요합니다. 신앙의 선택은 철저하게 개인적인 선택입니다. 내가 절대자인 하나님께로 돌아서는 선택을 하는 것이 중요합니다.

저도 믿는 집안에 태어나서 모태신앙으로 살아오다가 25살에 비로소 예수 그리스도를 개인적인 선택과 결단을 통해 나의 주님과 구세주로 받아들이고 거듭났습니다. 그 전에는 습관적이었던 신앙생활이, 제가 개인적으로 예수 그리스도를 나의 구주로 받아들인 그때부터 달라지고 속사람이 변했습니다.

이 세상의 창조주이시오 모든 생명의 근원이신 하나님은 우리에게 생명을 주십니다. 육신의 생명만이 아니고 영원한 생명을 하나님께서 예수 그리스도를 통해서, 누구에게나, 무조건, 다 주십니다.

하나님이 주시는 영원한 생명을 받아 들여서 영원한 변화의 출발이 우리 모두에게 있기를 간절히 원합니다.

우리들의 일상 가운데에서 언제나 생각을 좋은 것으로 할 수 있는 좋은 습관을 길러야 합니다. 좋은 생각, 좋은 말과 좋은 감정, 좋은 태도와 행동을 반복하다보면 좋은 습관이 됩니다. 좋은 습관을 많이 기르면 그것이 탁월한 인격이 됩니다. 그것이 우리 기독교에서 가르치는 가르침입니다.

제7장

롯과 보아스의 인격

지금까지 우리는 탁월한 인격을 만들기 위해 우리 한국 사람이 가진 장점과 단점을 살펴보았습니다. 그래서 우리의 어떤 장점이 대한민국을 지금처럼 발전시켜왔는가를 살펴보았고, 또 우리의 어떤 단점을 고치고 개선해야 우리가 앞으로 더 발전하고 성숙할 수 있는지도 살펴보았습니다.

우리가 좋은 가정, 좋은 나라, 좋은 교회를 만들기 위해서는 우리 안에 있는 좋은 인격적 자질들을 개발해야 합니다. 우리의 인격이 탁월한 인격으로 성숙하기 위해서는 먼저 우리들 자신이 좋은 생각을 하는 것이 필요합니다.

우리들의 일상 가운데에서 언제나 생각을 좋은 것으로 할 수 있는 좋은 습관을 길러야 합니다. 좋은 생각, 좋은 말과 좋은 감정, 좋은 태도와 행동을 반복하다보면 좋은 습관이 됩니다. 좋은 습관을 많이 기르면 그것이 탁월한 인격이 됩니다. 그것이 우리 기독교에서 가르치는 가르침입니다.

좋은 자질을 가질 수 없는, 죄성을 가진 죄인이 구원 받아서 성령의 도움으로 성화되는 것이 기독교인의 삶입니다. 예수 그리스도를 통해 거듭나고, 성령의 도우심으로 우리의 속사람이 성장하고 변화하는 것, 즉 인격적 변화를 가져오는 것이 우리 믿는 사람들의 삶입니다.

그래서 마침내는 하나님 안에서 거듭나고 인격적으로 변화된 이 사람을 통해서, 이 한 사람이 하나님을 잘 섬기는 것을 통해서 하나님 나라에 아주 유익한 사람이 되고 가정과 이웃에게 또 교회에 축복이 되는 것이 기독교입니다. 좋은 생각으로, 좋은 습관을 많이 개발하고, 좋은 습관을 통해 좋은 인격으로 훈련되었기 때문에 자기 자신뿐만 아니라 자신이 속한 가정과 교회와 나라를 성숙시키고 변화시킬 수 있는 힘이 우리에게 있기 때문입니다.

룻이 가진 탁월한 인격적 자질들

그래서 저는 거기에 가장 잘 어울리는 모델로 룻을 선택했습니다. 룻이 어떤 삶을 살아왔고, 어떤 선택을 했으며, 어떤 신앙적 결단을 내림으로써 그의 삶이 달라지고, 이스라엘의 역사를 바꾸었는지를 살펴보았습니다.

지금부터는 룻이 가지고 있는 탁월한 인격적 자질들을 살펴보겠습니다.

첫째, 룻은 결단력이 있었습니다.

룻기 1장 18절에는 "나오미가 룻이 자기와 함께 가기로 굳게 결심함을 보고 그에게 말하기를 그치니라"고 말씀하고 있습니다. 룻의 굳은 결심, 결단력을 보고 나오미가 더 이상 룻을 말리는 일을 포기하고 룻과 함께 베들레헴으로 돌아가기를 결심했다는 이야기입니다.

룻의 장점은 결단력과 지구력이 있었다는 것입니다. 선한 목적과 원리를 붙잡았으면 놓지 않고 끝까지 그것을 가지고 가야 합니다. 이런 종류의 훈련들이 잘 되어 있으면 계속 성장하고, 발전하고, 좋아지고 행복한 삶을 살 수 있다는 것을 우리는 룻을 통해 배울 수 있습니다.

이런 결단력, 지구력은 끝까지 견디어 내는 것입니다. 지금 어려움에 잠깐 처했다고 포기하는 것이 아니라, 어려움을 무릅쓰고, 나와 동행하시는 하나님을 믿는 믿음이 필요합니다. 나에게 주신 하나님의 소망과 비전을 믿고 어려움을 견디고 극복하는 결단이 필요합니다. 이것이 인격의 한부분이 되어야 그런 사람을 하나님께서 크게 쓰십니다. 우리는 룻을 통해서, 모압 지방의 한 이방여인에 불과했던 룻을 들어서, 룻이 하나님을 향해 가진 믿음과 결단을 보시고 그를 들어 써서, 다윗왕의 조상으로 삼은 하나님의 역사를 살펴보았습니다.

둘째, 룻에게는 솔선수범하는 솔선력이 있었습니다.

룻기 2장에서는 룻의 솔선력이 돋보입니다. 룻은 누군가 말을 하지 않아도 자기가 갈 길을 알아서 합니다. 이런 사람들이 성공합니다. 솔선력이 잘 개발이 되어야 잘 될 수 있습니다. 우리나라 사람들이 잘 살기 위해서는 룻의 이런 습관, 자질을 길러야 합니다.

룻기 2장 2절에 "모압 여인 룻이 나오미에게 이르되 원하건대 내가 밭으로 가게 하소서"라고 합니다. 여러 가지 어렵고 부정적인 형편에 있지만 룻이 솔선해서 나서는 겁니다. 자기가 가겠다는 겁니다. 높이 사야 할 자질입니다. 이런 것을 보고 솔선력이라고 하는 겁니다.

자기 갈 길을 찾아 나서는 이런 사람은 지도자의 자질입니다.

한국 사람들이 이런 솔선력을 길러서 성장을 하고 좋은 습관을 만들어 나간다면 앞으로 한국은 많은 발전을 할 것입니다. 이런 인격들을 형성해 나간다면 지금보다 몇 배 더 훌륭한 세계에 존경받고 공헌하는 그런 나라가 될 수 있을 겁니다.

탁월한 지도자적 인격이 있는 룻은 밭에 가서 수십 명의 여러 종류의 사람들이 일을 하고 있는 곳에서 솔선해서 먼저 직접 말해서 그 사람들의 허락을 받아내는 겁니다.

솔선력이 있는 좋은 습관들을 가진 사람들을 하나님은 축복하십니다.

룻이 대담하게 자신감 있게 말하니 나오미가 "내 딸아 갈지어다" 하고 허락을 합니다. 룻은 신앙적 결단력과 함께, 주도적이고 솔선하는 인격을 가지고 있었습니다. 우리는 룻의 이런 결단력과 솔선력을 배워야 합니다.

셋째, 룻은 주어진 일에 최선을 다하는 열심이 있는 사람이었습니다.

룻이 이삭을 줍는 땅의 주인인 보아스가 와서 처음 보는 룻을 보고 "이는 누구의 딸이냐"고 사환에게 물었습니다. 그때 사환이 답하기를, "이는 나오미와 함께 모압 지방에서 돌아온 모압 소녀인데, 아침부터 와서는 잠시 집에서 쉰 외에 지금까지 계속하는 중입니다"라고 합니다. 사환이 유심히 살펴보니 잠시 쉬는 시간에 한번 쉰 것 외에는 지금까지 쉬지도 않고 계속 열심히 일을 하더라는 것입니다.

룻은 이렇게 열심히 최선을 다하는 사람이었습니다. 곡식을 베는 사람들이 곡식을 벨 때 그 뒤를 따라다니며 이삭을 줍는데, 얼마나 열심히 하는지 그들을 감독하는 사환의 눈에도 그 열심이 보인 것입니다. 그래서 보아스가 물을 때 사환이 보아스에게 룻의 열심을 칭찬할 정도였던 것입니다. 보이지 않는 곳에서도 열심히 최선을 다하는 룻의 생활의 습관이, 나중에 룻과 재혼하여 룻의 남편이 될 보아스에게 첫인상을 아주 좋게 만든 것입니다.

이렇듯, 하나님의 사람에게는 보이지 않는 곳에서도 열심히 최선을 다하는 열심이 필요합니다. 일부러 보이려고 열심히 하는 척하는 것이 아니라 평소에 열심히 하는 것이 생활의 습관이 되어 누구에게나 인정받는 것이 필요합니다.

자, 여기서 룻의 이야기인데 이제 보아스가 등장합니다. 보아스는 나오미의 남편인 엘리멜렉의 친족입니다. 이스라엘의 전통에는 친족의 아내가 과부가 되면 친족이 거두어들여서 재혼을 해서 그 가족들의 생계를 책임져주는 전통이 있었습니다. 바로 보아스가 룻에게는 그런 사람이었습니다. 결국 나중에 보아스와 룻이 결혼해서 자식을 낳는데 그 손자가 바로 다윗왕입니다.

룻의 시작은 미천했습니다. 하지만 그 마지막은 성경에 기록된 어떤 여자보다 더 아름답고 창대했습니다. 룻은 다윗왕의 할머니가 됩니다. 마태복음에 기록된 예수님의 조상 중에 여자는 서너 명밖에 없는데 그 중에 한 사람이 바로 룻입니다. 신구약 성경 66권 중의 한 권의 제목이 바로 〈룻기〉입니다. 그녀의 삶은 성경 역사의 일부가 되었습니다. 룻은 이제 다윗왕의 조상, 예수님의 조상으로 성경에 기록되는 역사적인 여자가 된 것입니다.

그러나 룻이 그렇게 된 것은 그냥 된 것이 아니고 룻의 생각, 룻의 습관, 룻의 인격이 가져온 결과였습니다. 그래서 우리도 우리 각자의 마음 속에 룻과 같은 인격적 자질들이 하나씩 형성될 수 있도록 본받는 일이 필요합니다. 우리에게도 룻과 같은 인격적 자질이 나타날 때 우리도 가치가 있는 사람이 될 것입니다. 룻과 같은 인격의 습관이 형성되어 나갈 때, 작은 성공을 습관적으로 많이 반복해 보았기 때문에 나중에 룻과 같은 큰 성공을 하는 것입니다.

인생의 마지막에 실패하는 사람들은 왜 실패할까요? 이미 그들은 인생의 작은 습관들에서 작은 실패들을 만들어 놓았기 때문입니다. 큰 성공을 불러올 인격적 훈련, 생활의 습관들이 없었기 때문입니다. 나쁜 습관들을 만들어 놓았기 때문에 실패하는 것입니다.

예수님의 인격을 추구하고 인격 형성을 해 가는 사람들은 우리가 결국 예수님의 형상을 본받기 위해 구원 받은 것처럼 날마다 성화되어 가는 것입니다. 성화는 어느 날 하루아침에 뚝딱 이루어지는 것이 아니라 하루하루 성화되어가는 삶을 통해 이루어지는 것입니다.

옛날에는 죄인이요, 죄성 밖에 없었고, 죄의 습관 속에 살았지만 구원받아서 새 생명이 생기고 성령이 내 안에 계시니까 생활의 습관이 달라지고 인격이 달라지는 것이 성화의 과정입니다. 말씀과 기도와 성령의 역사로 매일 매일 조금씩 인격이 바뀌어 가는 것이 성화입니다. 그래서 시간이 갈수록 몸은 늙어가고 겉사람은 늙어가지만, 우리 예수 믿는 사람들의 속사람은, 인격은 날이 갈수록 젊어지고 성숙하고 거룩해지는 것입니다.

그게 믿는 사람들이 가야 할 길이고, 우리 인간들이 가야 할 방향입니다.

보아스에게 배워야 할 인격의 장점들

룻기에는 이제 보아스라는 한 남자가 등장하는데, 보아스에게서도 배워야 될 많은 장점들이 있습니다. 보아스는 좋은 인격을 가진 남자였습니다.

보아스는 어떤 사람이었을까요? 룻기에 기록된 말씀을 따라 보아스의 인격과 성품을 한번 살펴봅시다.

보아스는 첫째, 축복의 사람이었습니다.

보아스는 사람을 만나면 먼저 축복부터 해주는 사람이었습니다. 이것은 어쩌면 한국문화나 동양문화와는 맞지 않는 이야기일지도 모르겠습니다. 하지만 이스라엘이나 기독교 문화에서는 이런 축복은 자연스러운 일입니다.

룻기 2장 4절을 보면 "마침 보아스가 베들레헴에서부터 와서 베는 자들에게 이르되 여호와께서 너희와 함께 하시기를 원하노라" 하고 일하는 일꾼들을 축복합니다.

보아스는 그 땅의 주인이고 윗사람입니다. 그런데 일꾼이 주인에게 축복을 하는 것이 아니라 주인이 일꾼에게 먼저 축복의 말을 했습니다. 보아스는 주인이요, 리더인데 그런 그가 먼저 와서 "하나님께서 함께 하시기를 원하노라" 축복했습니다.

성경에 나오는 축복의 말 가운데 "하나님이 함께 하신다"는 그 이상의 축복은 없습니다. 최고의 축복입니다. 하나님이 함께 하시는 사람은 반드시 하나님이 축복하십니다. 구원 받는다는 것은, 부활하신 예수님께서 내 마음을 열 때 내 안에 들어오셔서 나와 함께 세상 끝날까지 함께하신다는 뜻입니다. 이 세상 사는 동안에 하나님이 함께 하시고 그러고나서 영원히 하늘나라에서 사는 것입니다. 그런데 이 최고의 축복을 보아스가 먼저 일꾼들에게 해줍니다.

제가 미국에 유학갔을 때 교회에 가면 저는 한번도 본 적이 없는 사람들이 먼저 제게 인사를 해서 조금 어색했던 적이 있습니다. 우리는 서로 모르면 먼저 말을 하지 않는데 그 사람들은 모르는 사람한데 먼저 인사부터 하는 겁니다. 처음엔 저도 많이 어색하고 이상했지만 그게 원래 성경적 문화입니다.

우리가 예수를 믿으면 우리의 사생활의 문화도 바뀌게 됩니다. 그래서 먼저 보는 사람이 먼저 인사하고 축복을 하는 겁니다.

축복을 심으면 축복이 나오죠. 저주를 심으면 저주가 나옵니다. 심는 대로 나오는 것입니다. 내가 축복을 많이 해주면 그 축복이 결국 나한테 돌아오는 것입니다.

그래서 예수님도 "너희가 비판받지 않으려거든 비판하지 말라"고 하셨습니다. 축복을 심으면 축복이 오고, 비판을 심으면 비판이 옵니다. 그래서 잘 심어야 합니다. 좋은 말을 심고, 좋은 생각을 심어야 합니다. 심은 것 밖에 나올 게 없습니다.

보아스가 이렇게 먼저 일꾼들을 축복하자, 룻기 2장 4절 "그들이 대답하되 여호와께서 당신에게 복 주시기를 원하나이다" 하고 일꾼들도 보아스를 축복합니다. 보아스 한 사람이 축복을 심었더니 많은 사람이 나를 향하여 축복을 주는 겁니다. 이것이 예수 믿는 방법입니다.

언제 어디서든지 축복을 심어야 합니다.

축복은 좋은 말을 하는 것입니다. 들어서 좋고, 생각해서 좋고, 좋은 결과를 나타내는 말입니다. 어떤 좋은 말을 해도 좋은 느낌, 좋은 결과가 나타나는 것이 축복입니다.

저주는 축복의 반대로, 좋지 않은 말입니다. 서로에게 나쁘게 말하는 것이 저주입니다.

무슨 말을 해도 좋은 말을 하면 그것이 축복입니다. 들어서 기분이 안 좋으면 저주입니다. 저주와 축복 모두가 습관이 됩니다. 축복의 말이 습관이 되면 축복의 사람이 됩니다. 저주의 말이 습관이 되면 저주의 사람이 됩니다.

한국 사람들의 단점 가운데 하나가 너무 비판을 잘한다는 것입니다. 남을 비판하고, 비난하고, 험담하고, 남에 대한 나쁜 말을 너무 많이 한다는 것입니다.

우리도 보아스처럼 축복의 말을 하는 훈련이 필요합니다. 우리 언어의 문화가 생명의 문화, 축복의 문화가 되어야 합니다. 예수 믿는 사람들이 먼저 이런 문화를 일으켜야 합니다.

둘째, 보아스는 주위 사람들에게 관심을 가지는 사람입니다.

이기적으로 자기만 생각하고 사는 사람이 아니라 마음이 넓고 관심 분야가 넓어져서 다른 사람을 축복하는 사람입니다.

우리가 잘되는 것은 목적이 있습니다. 그것은 나로 인해 다른 사람이 잘되는 것입니다. 나혼자만 잘 먹고 잘 사는 것이 아니라 나로 인해 다른 사람들도 잘 살 수 있도록 하는 것입니다. 나 혼자만 예수 믿고 구원 받는 것이 아니라 나로 인해 내 형제와 내 가족, 내 이웃, 내 동료, 나아가 나를 잘 알지 못하는 사람들까지도 내가 전한 복음으로 인해, 나의 삶의 모습으로 인해 예수를 믿고 구원을 받도록 하는 것입니다. 그러기 위해서는 평소 나의 삶의 습관이 올바라야 하고, 나의 인격이 남들이 보기에도 올바른 사람이어야 합니다. 보아스가 바로 그런 사람이었습니다.

보아스는 수많은 사람들에 대한 관심을 가진 사람이었습니다. 룻기 2장 5절에 보면 "보아스가 베는 자들을 거느린 사환에게 이르되 이는 누구의 소녀냐"고 묻습니다.

늘 남을 살필 줄 아는 사람은 남에게 관심을 표현 할 줄 아는 사람입니다. 그래서 보아스도 늘 자기의 일꾼들에게 관심을 가지고 있었는데, 어느 날 보니까 낯모르는 여자가 한 사람 있는 것입니다. 다른 일꾼들은 이미 일일이 다 알고 있는데, 잘 모르는 사람이 있으니까 금방 알아보고 사환에게 물어볼 수 있었던 것입니다.

사랑의 첫 시작은 관심입니다. 남녀 간의 사랑에도 누군가가 마음에 들면 관심있게 지켜보는 것에서 시작합니다. 남녀 간의 사랑이 아니라 직장 상사와 부하의 관계에서도 마음에 들고 일을 잘하는 사람이 있으면 관심을 가지고 지켜보게 마련입니다. 관심이 곧 사랑에 대한 시작이기 때문입니다.

사람은 사랑을 먹고 사는 존재입니다. 사람은 누군가에게 사랑받고 있고 관심받고 있으면 살맛이 납니다. 평상시에 누군가가 나에게 관심을 보이면, 내가 내 가족, 내 동료, 내 직장 상사로부터 사랑받고 있다고 생각하면 살맛이 나는 것입니다. 인생을 성공적으로 살고 행복하게 살기 위해서는 사랑이 필수입니다.

보아스는 그런 사랑과 관심을 가진 사람이었습니다. 보아스는 축복의 사람일뿐 아니라 관심의 사람이었습니다.

제기 미국에서 목회를 하고 있을 때, 한번은 자살을 하려는 어떤 사람이 저한테 전화를 했습니다. 그러면서 하는 말이 "사는 게 너무 힘들고 괴로워서 자살을 하려고 생각했더니 아는 지인이 말하기를, '자살하려면 죽기 전에 김상복 목사에게 전화를 한번 해보라'고 했다"고 합니다.

전화를 한 분은 제가 잘 모르는 분이었습니다. 그래도 제가 관심을 가지고 그분 이야기를 들어주었습니다. 그분의 이야기는, 자기가 한국에서 음악을 전공했는데 그러다가 마약을 하기 시작했다고 합니다. 그래서 결국은 가족도 자기를 버렸다고 합니다. 마지막으로, 어머니에게 버림을 받으니 아무도 자신을 사랑하지 않는다고 생각해서 자살을 하려고 했답니다. 그래서 제가 그분의 이야기를 다 들어주고, 그분이 얼마나 소중한 사람인지에 대해서 이야기해주었습니다. 그분도 얼마나 귀한 하나님의 자녀인지에 대해서 말씀드렸습니다.

제 이야기를 듣고 그분이 예수님을 영접하지는 않았습니다. 그러나 제가 자기 이야기를 관심을 가지고 들어준 것만으로도 고맙다고 했습니다. 그래서 용기와 희망을 가져보겠다고 합니다. 그냥 이야기를 들어주기만 하는 관심으로도 한 생명을 살릴 수 있었습니다.

사람들은 누구나 사랑받기를 원합니다. 누군가 나에게 관심 가져주기를 원합니다. 우리 주위에는 생각보다 외로운 사람들이 많이 있습니다.

그래서 교회에서도 소그룹 모임을 많이 가집니다. 큰 교회일수록 모든 교인들, 모든 사람들에게 관심을 기울이고 사랑을 나누는 것이 힘들어지기 때문에 소그룹을 많이 만들어서 그 그룹 안에서 서로서로 관심을 나누고 사랑을 나누도록 합니다.

사랑은 관심입니다. 그래서 사랑의 반대말은 증오나 미움이 아니라 무관심이라는 말이 있지 않습니까? 사랑을 하게 되면 관심을 기울이게 됩니다. 관심을 많이 기울이는 사람일수록 사랑이 많은 사람입니다.

보아스는 주위 사람들에게 먼저 관심을 가지는, 그런 탁월한 인격을 가진 사랑의 사람이었습니다. 룻기 2장 11절에서 보아스는 이렇게 말합니다.

"네 남편이 죽은 후로 네가 시모에게 행한 모든 것과 네 부모와 고국을 떠나 전에 알지 못하던 백성에게로 온 일이 내게 분명히 들렸느니라."

보아스가 룻을 본 것은 그때가 처음이었지만, 룻이 어떤 여인인지에 대해서는 이미 관심있게 들어서 알고 있었습니다. 이것만 보아도 보아스가 얼마나 평소에 주변 사람들에 대해서 많은 관심을 기울이는 사람인지가 잘 드러납니다.

보아스는 셋째, 배려의 사람이었습니다.

보아스는 여자를 잘 돌봐주는 남자였습니다. 다른 말로 하면 사회적 약자를 잘 돌봐주는 사람이었습니다.

룻기 2장 8절에 "내딸아 들으라 이삭을 주우러 다른 밭으로 가지 말며 여기서 떠나지 말고 나의 소녀들과 함께 있으라"고 하였습니다. 힘들게 다른 밭으로 이삭을 주으러 다니지 말고 자신의 밭에서 편하고 안전하게 이삭을 줍도록 배려를 해준 것입니다. 뿐만 아닙니다.

룻기 2장 15,16절에 보면 보아스는 "자기 소년에게 명하여 가로되 그로 곡식단 사이에서 줍게 하고 책망하지 말며 또 그를 위하여 줌에서 조금씩 뽑아 버려서 그로 줍게 하고 꾸짖지 말라"고 합니다. 그냥 이삭을 줍게 하는 차원을 넘어서서, 곡식을 추수하는 일꾼들에게 룻을 위해 벤 곡식에서 조금씩 빼서 룻이 더 많이 이삭을 주워갈 수 있게 하라고 배려하는 것입니다.

이삭을 줍는 룻이 마음 편하게 이삭을 주울 수 있게 하는 배려, 그리고 룻 몰래 일꾼들에게 룻을 위해 이삭을 더 많이 남기도록 하는 속 깊은 배려, 이것이 보아스의 탁월한 인격이었습니다. 자신의 일꾼도 아니고 일꾼들을 뒤따라 다니는 초라한 이방여자를 자신과 같은 밥상에서 함께 당당하게 식사를 할 수 있도록 한 배려와, 드러내놓고 도와주면 자존심이 상할까봐 룻 몰래 일꾼들을 시켜 조심스럽게 돕는 보아스의 배려, 이것이 결국은 룻을 아내로 받아들이고, 룻의 몸을 통해 다윗왕과 예수 그리스도를 낳게 한 위대한 믿음의 조상 보아스의 탁월한 인격이었습니다.

우리에게도 보아스와 같은 이러한 탁월한 인격이 자라나기를 원합니다. 늘 좋은 말을 하고 늘 주변사람들을 축복하는 축복의 사람이 되기를 원합니다. 자신만 잘되고 잘 사는 것이 아니라 주변 사람들과 이웃이 함께 잘 살 수 있도록, 늘 주변에 관심을 가지고 사랑을 기울이는 보아스와 같은 인격의 사람들이 되기를 원합니다. 그리고 나보다 약한 사람들을 돕고 배려하되 그들의 마음이 상하지 않도록 자상하게 배려하는 이러한 배려의 탁월한 인격이 여러분과 저 속에서 속사람으로 자라나기를 원합니다.

어떻게 보면 보아스가 보여준 저 축복의 인격, 저 관심과 사랑의 인격,

그리고 배려의 인격은 예수 그리스도가 우리에게 보여주신 그 축복과 관심과 배려의 전초였는지도 모릅니다.

아무튼 룻기를 통해 살펴본 바로는 다윗과 예수님의 조상이 된 룻과 보아스가 얼마나 평소에 좋은 생각을 가지고, 실제로 주변에 많은 관심을 가지고 있으며, 사랑과 배려를 하고 살았던가를 가르쳐 줍니다.

우리들에게도 룻과 보아스의 이런 인격이 자라나기를 바랍니다. 우리 안에 탁월한 성품들을 훈련하고 실천해서 좋은 습관들을 통해서 우리의 탁월한 인격이 형성되길 바랍니다.

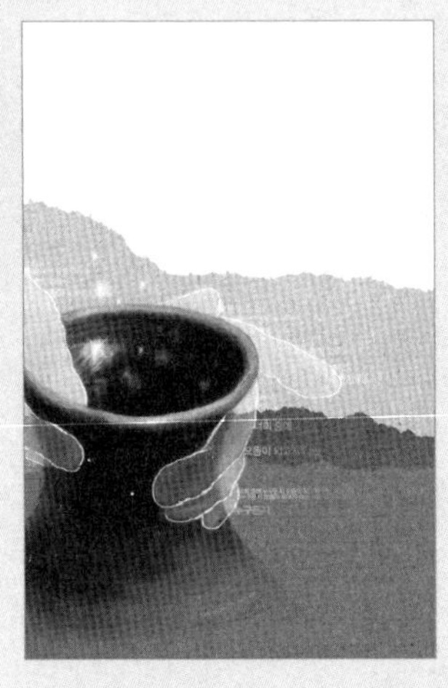

우리가 왜 지금 탁월한 인
격을 이야기합니까? 내가
아닌 다른 누군가를 탁월한
인격의 사람으로 바꾸기 위
해서입니까? 아닙니다. 나
자신부터 변화시켜서 내가 탁월한 인격의 사람으
로 거듭나기 위해서입니다.

제8장

룻과 보아스의 품성

우리 한국 사람들은 재주도 많고, 열정도 많고, 장점이 많습니다. 그래서 지금까지 잘 해왔는데 늘 한 가지에서 브레이크가 걸립니다. 인격입니다. 사람의 인격에서 걸림돌이 됩니다. 좋은 학교 다니고, 머리도 좋고, 열심히 일도 했는데 늘 마지막에 가서 우리의 인격에 걸려서 망가집니다. 가정을 망치기도 하고, 나라를 망치기도 하고, 회사를 망치고 이렇게 불행한 일들이 많이 있었습니다.

그러면 어떻게 하면 한국 사람들이 탁월한 인격을 만들 수 있을까요?
예수님의 사람들은 새 생명을 얻어서 우리 안에 예수님이 살아 계시고 성령님이 계시니까 이제 성령님의 도움으로 말씀을 가지고 계속 변해 갑니다. 예수 믿고 구원받아서 성화 되어 갑니다. 성화되어 간다는 그 자체가 경건한 인격이 개발되어 간다는 뜻입니다. 정말 하나니의 축복을 받아서 하나님 나라의 사람들이 되어 간다는 것입니다.

보아스의 탁월한 인격적 장점

우리 한국은 많은 인격적 변화가 필요합니다. 우리의 인격적 변화를 위해 룻기에 나오는 보아스의 인격을 계속해서 살펴보겠습니다.

앞장에서 우리는 보아스가 배려심이 많고 여자를 잘 돌봐주는 남자였다는 것을 살펴보았습니다. 룻기 2장 9절에 보면 보아스는 남을 보호해 주려고 하는 인격이 있다는 것을 잘 알 수 있습니다. 많은 사람들이 서로 이용하려고 하는데, 보아스는 남을 이용하려고 하는 것이 아니라 오히려 남을 보호해 주려는 아름다운 인품을 가진 사람이었습니다.

9절에 "그들이 베는 밭을 보고 그들을 따르라 내가 그 소년들에게 명령하여 너를 건드리지 말라 하였느니라 목이 마르거든 그릇에 가서 소년들이 길어 온 것을 마실지니라 하는지라" 얼마나 자상한 남자인입니까?

룻이 여자니까 소년들과 같이 곡식을 줍게 하되, 남자들이 룻을 해치지 못하게 미리 말을 해 놓았습니다. 보아스가 남자들을 조심시켜 놓은 것은 룻을 보호해 주려고 하는 것입니다. 보아스에겐 남자를 보거나 여자를 보거나, 아이를 보거나 노인을 보거나, 누구든지 간에 늘 남을 보호해 주려고 하는 것이, 다른 사람에게 유익하도록 해주려고 하는 것이 습관이 되고 생활이 되어 몸에 배어 있는 것입니다.

보아스가 갑자기 이렇게 된 것이 아닙니다. 그것은 보아스가 오랜 세월동안 인생을 살아오면서 익힌 습관이이고 인격이었습니다. 좋은 습관을 많이 반복해서 길러 놓은 사람이 좋은 인격자가 되는데, 이런 인격을 보아스가 가지고 있었던 것입니다.

우리 땅에도 이런 인격을 어려서부터 잘 길러가고, 또 부모들이 잘 인도해 주어서 훌륭한 인격을 가진 인격자들이 이 땅에 더 많아졌으면 좋겠습니다. 우리나라의 문제는 지식도 기술도 열심도 아니라 오직 인격의 문제이기 때문입니다. 다른 모든 것은 세계 일류 수준에 올라와 있는데, 아직 우리의 인격에 부족한 부분들이 많습니다. 그래서 늘 인격적인 문제에서 걸리는 것입니다.

제가 이 책의 제목을 『탁월한 인격 만들기』로 지은 이유가 이때문입니다. 우리가 조금만 더 공부하고 훈련하고 노력하면 인격적인 성장을 이룰 수 있습니다. 우리 개개인의 인격과 우리 한국사람 공동체의 인격이 성숙되어 세계의 누가 봐도 존경할 만한 그런 인격으로까지 나아가야 합니다. 인격의 개발 없이는 세계에서 우리가 인정받을 수 없습니다.

우리나라사람은 기술 개발이든지 운동이든지 뭐든지 다 잘합니다. 우리라에 있든지 다른 나라에 가든지 어디에 있든지 다 잘합니다. 이 위에 좋은 인품을 더해서, 한국 사람들 만나면 누구나 존경하고 인사하고 축복해주는 그런 나라가 되었으면 좋겠습니다.

이를 위해 우리의 장점은 발전시키고 단점은 고쳐 나가야 합니다. 그리고 탁월한 인격을 가진 모델을 놓고 열심히 배우고 공부하고 본받아서 우리도 탁월한 인격의 사람으로 변화되고 성장해야 합니다.

보아스는 공감력이 있는 사람이었습니다.

룻기 2장 12절에 보면, 보아스는 남의 고통을 이해해 주는 사람이었습니다. 다른 사람의 고통에 얕은 동정심을 보이는 것이 아니라 깊은 공감력을 보이는 인격이 있는 사람이었습니다.

교회에서도 보면 우는 자들과 함께 울고, 피리를 불면 함께 춤을 추고, 이렇게 감성적으로 공감력이 있는 사람들이 구역장을 잘 합니다. 그리고 이런 사람들에게 자기의 문제를 상담하면 속이 시원하고 기도해주면 편안해지고 문제가 더 잘 해결됩니다. 공감력 때문입니다.

12절에 보면 "여호와께서 네가 행한 일에 보답하시기를 원하며 이스라엘의 하나님 여호와께서 그의 날개 아래에 보호를 받으러 온 네게 온전한 상 주시기를 원하노라 하느니라"고 보아스가 이야기합니다. 네가 그동안 많은 고생을 한 것을 잘 알고 있다면서 공감력을 보여주고 있는 것입니다.

인격적인 여자 룻과 그 상대편에 보아스라는 남자가 있는데 보아스는 남의 고통을 잘 이해해 주는 사람이었습니다. 한국 교회에도 이런 공감력을 가진 분들이 많았으면 좋겠는데, 아쉽게도 이런 사람들이 많이 부족합니다.

고통을 가지고 사는 사람들은 많습니다. 그런데 그 고통을 가지고 찾아가서 말할 사람이 없는 것입니다. 고통 가운데 힘들게 기도제목이라고 주었더니 그것을 다른 데 가서 다 말해 버립니다. 이런 것은 절대 공감이 아닙니다. 공감은 같이 아파하는 것이지 남의 아픔을 다른 사람에게 떠벌리는 것이 아닙니다.

인생의 어려운 일을 상담했는데 돌아올 때는 답답합니다. 왜? 이해와 공감을 못해주니까 그렇습니다.

남의 고통을 이해해주고 같이 느껴줄 수 있는 공감력, 참으로 소중하고 귀한 인격이 아닐 수 없습니다.

남의 고통을 알고 기쁨을 알고, 기뻐할 때 같이 기뻐해주고 슬퍼할 때 같이 슬퍼해주고, 어려울 때 같이 괴로워해주고 같이 울어주는 공감력 있는 이런 사람들을 하나님께서 크게 쓰십니다.

보아스는 위로해주는 위로의 사람이었습니다.

룻기 2장 13절에 보면 보아스는 여자를 위로해 주는 남자입니다. 고통을 알아주면서 위로합니다. 그래서 룻이 말하기를, "내 주여 내가 당신께 은혜 입기를 원하나이다 나는 당신의 하녀 중의 하나와도 같지 못하오나 당신이 이 하녀를 위로하시고 마음을 기쁘게 하는 말씀을 하셨나이다 하니라."

룻이 보아스가 하는 말을 듣고 얼마나 위로가 되었는지 "나는 당신의 하녀와도 못한 그런 여자입니다"라고 고백합니다. 이 얼마나 겸손한 고백입니까? 이런 고백은 상대방이 진심으로 나를 이해하고 공감해줄 때 나올 수 있는 고백입니다. 말은 그럴 듯하고 예뻐 보이지만 실제로는 나를 이해해주지도 공감해주지도 못하면 내 속에서 나오는 말이 겸손할 수 없습니다. 뭔가 섭섭하고 삐딱하고, 말에 가시가 돋히기도 합니다. 하지만 진심으로 나를 이해하고 위로하는 사람을 만나면 내 마음이 녹아서 저절로 겸손해집니다. 솔직해집니다.

룻도 그 밭의 주인인 보아스가 직접 마음써주고 돌봐주고 보호해주는 것을 느낀 것입니다. 그런 사람의 진심어린 말을 들으니 너무 위로가 되는 것입니다. 자기의 모든 슬픔이 사라지고 아픔이 사라지고, 괴로움이 사라지는 것을 느꼈습니다. 그래서 진심으로 "정말 고맙습니다, 저를 위로해 주시고 저에게 용기를 주시고 은혜를 베풀어 주시니 정말 감사합니다."라는 고백이 나오게 되는 것입니다.

세상에는 은혜를 베푸는데 못 알아보는 사람들도 있습니다. 하지만 룻은 감사한 것을 알고 그것을 말로 표현합니다. 마음으로 느끼는 것은 말로 표현하는 게 좋습니다

고마우면 고맙다고 표현하고, 실수했으면 미안하다고 표현하고, 잘못했으면 용서해 달라고 표현하는 것이 좋습니다. 이렇게 늘 간단한 말이지만 그 간단한 말이 위로가 되고 격려가 되기도 합니다. 또 그 사람을 좋아하면 "당신 참 좋아" 이렇게 표현해 줄 때 그 사람도 좋아합니다.

마지막으로 보아스의 탁월한 인격을 살펴보면, 보아스는 작은 일까지도 관심을 가지는 사람이었습니다.

14절을 보면 "식사할 때에 보아스가 룻에게 이르되 이리로 와서 떡을 먹으며 네 떡 조각을 초에 찍으라 하므로 룻이 곡식 베는 자 곁에 앉으니 그가 볶은 곡식을 주매 룻이 배불리 먹고 남았더라"고 했습니다.

보아스는 관심을 보여 주고 작은 일도 살펴주는 그런 인품을 가진 사람이었습니다.

좋은 배우자를 만나기 위해서는 내가 좋은 인격으로 준비된 사람이어야 합니다. 내가 나쁜 남자인데, 준비도 안 된 남자인데, 인격이 부족한 남자인데, 나쁜 습관을 가진 남자인데 아무리 좋은 여자를 얻으면 뭐합니까? 오히려 나의 나쁜 인격이 좋은 여자를 망칠 수도 있습니다.

그래서 중요한 것은 내가 좋은 여자를 찾는 것이 아니고, 내가 좋은 남자가 되도록 나를 개발하는 것입니다. 나를 개발해서 나로 하여금 좋은 언어, 좋은 태도, 좋은 생각, 좋은 행동, 좋은 습관, 좋은 인격을 길러

야 합니다. 이런 좋은 자질들을 우리가 어렸을 때 젊었을 때 잘 길러야 내가 누구를 만나든, 어떤 사람을 만나든 그 사람이 나 때문에 복을 받는 것입니다.

따라서 내가 좋은 사람 만나는 것보다 내가 좋은 사람이 되는 것이 더욱 중요합니다.

대부분의 사람들이 그걸 모릅니다. 자신에게 좋은 자질이 있는지는 안 살펴보고 오로지 좋은 상대만 찾는 겁니다. 이런 것이 불행한 사랑, 불행한 결혼의 씨앗이 됩니다.

우리가 왜 지금 탁월한 인격을 이야기합니까? 내가 아닌 다른 누군가를 탁월한 인격의 사람으로 바꾸기 위해서입니까? 아닙니다. 나 자신부터 변화시켜서 내가 탁월한 인격의 사람으로 거듭나기 위해서입니다.

나에게 부족한 부분이 어딘지 발견을 해서 그 부분을 가지고 연습을 하고 노력을 해야 합니다. 그런데 노력해도 잘 안되면 성령님께 도움을 받고 기도하고 이러면서 한 부분씩 고쳐가야 합니다. 이렇게 우리의 인격을 개발할 때 그런 좋은 인격을 개발하면 이 사람은 어디를 가도 축복의 사람이 됩니다. 이런 사람은 무슨 일을 해도 축복이 됩니다. 하나님께서 아브라함에게 하신 말씀처럼 "너를 통해서 온 땅에 모든 백성들이 너 때문에 복을 얻을 것이다"라는 복의 근원, 탁월한 인격의 사람이 되는 것입니다.

지금까지 우리는 보아스를 통해 좋은 인격이 무엇인지를 살펴보았습니다.

룻이 가진 탁월한 인격의 장점들

결단력과 솔선력

앞장에서 우리는 룻의 탁월한 인격에 대해서도 살펴보았습니다. 룻에게도 여러 가지 탁월한 인격적인 장점이 있었는데, 그 중에 대표적인 것이 결단력과 솔선력이었습니다. 룻은 남편이 죽고 시어머니가 시어머니의 고향으로 돌아가는 그 순간, 시어머니를 따라 낯선 타향으로 갈 결단을 내렸습니다. 그리고 어머니의 고향인 베들레헴으로 돌아와서는 시어머니를 모시기 위해 자기가 해야 할 일을 스스로 찾는 솔선력을 보여주었습니다. 그것이 리더의 모습입니다. 결단력과 솔선력을 가지고 자기 할 일을 찾아서 스스로 해나가는 게 리더입니다.

룻기 2장 3절에 보면 룻은 우연히 보아스가 속한 밭에 갔다고 합니다.

"룻이 가서 베는 자를 따라 밭에서 이삭을 줍는데 우연히 엘리멜렉의 친족 보아스에게 속한 밭에 이르렀더라."

물론 나오미와 룻의 입장에서 볼 때는 우연입니다. 사람이 보기에는 그게 우연인 것 같은데 하나님의 사람들에게는 우연이라는 게 없습니다. 우리가 볼 때는 우연이지만 거기에는 하나님의 필연이 숨어 있습니다. 그것을 우리는 하나님의 섭리라고 부릅니다. 처음에는 우연인 줄 알았으나 하나님이 준비하신 필연이었고, 시간이 지나고 난 뒤에야 하나님의 계획이었음을 알게 되는 것이 하나님의 섭리입니다. 우리가 볼 때 우연이지 모든 일에는 하나님의 섭리가 있습니다.

우리 인생에 어떤 종류의 일이 있더라도 우연이라는 것은 없습니다. 하나님의 크신 섭리가 있고, 하나님의 큰손이 언제나 우리의 머리위에 있습니다. 머리위에서 하나님께서 우리를 인도하신다는 것을 믿고 사는 것이 바로 신앙생활입니다.

7절에 보니까 룻의 또 하나의 장점이 보입니다. 룻의 탁월한 인격 또하나는 룻의 열정, 열심입니다. 룻은 열정이 있는 여자였습니다.

7절에 보면 보아스의 사환이 룻에 대해 말하기를 "'그의 말이 나로 베는 자를 따라 단 사이에서 이삭을 줍게 하소서 하였고 아침부터 와서는 잠시 집에서 쉰 외에 지금까지 계속하는 중이니이다"라고 하였습니다.

어떤 사람이 성공하고, 인정받는 사람일까요? 인생에 열정을 가지고 사는 사람들입니다. 이것은 한국 사람들의 장점 가운데 하나입니다. 세계의 모든 민족 가운데 한국 사람만큼 열정이 있고 열심이 있는 민족은 드뭅니다.

한국에서는 기업을 하는 사람이건, 자영업자건, 노동자이건 정말 열심히 일합니다. 어른들뿐만 아닙니다. 학생들도 죽기살기로 공부합니다. 미국에 온 한국인 이민자들도 미국에 와서 열정적으로 일하고, 죽으라고 공부도 합니다. 그래서 다른 민족들이 한국인을 보고 놀랄 정도입니다.

그런데 우리 학생들은 죽도록 공부했는데 대학에 떨어지고 시험에서 좋은 성적을 받지 못하는 일들이 일어납니다. 열심히 죽기살기로 했는데도 성적이 안 나오니까 낙심도 합니다.

OECD 국가 가운데 행복지수를 비교하니까 우리나라 학생들이 행복하다고 느끼는 것이 50%정도 밖에 안됩니다. 우리나라 학생들의 행복지수가 다른 OECD 국가들에 비해 월등하게 낮습니다. 죽기 살기로 공부했는데 결과가 안 좋으니 그렇습니다.

그러나 열심히 공부했으면 그 공부가 다른 데로 안 갑니다. 다 자기 지식이 되고 자기 자산이 됩니다. 그런데도 우리 학생들은 성적에만 결과에만 집착하다보니 자기가 행복하다고 생각하지는 않습니다.

그런데 행복지수와는 달리, 학력성취지수를 보니까 1점차로 세계에서 2등이 나왔습니다. 1등은 벨기에고 2등이 바로 대한민국입니다. 우리 학생들이 열심히 공부한 결과가 세계적으로 증명이 되었습니다.

우리나라 아이들이 이 정도로 열심히 공부했으면 제 생각에는 정말 잘한 겁니다. 박수쳐주고 격려해줄 일입니다. 지금 세계는 경쟁사회입니다. 우리 학생들이 한국 안에서는 우리끼리 치열하게 경쟁하느라 누구는 성적이 잘 나오고 누구는 성적이 못 나와서 그렇지, 세계 속에서 놓고 보면 우리 학생들의 실력은 세계 최정상입니다.

앞으로 지식 분야, 기술 분야에서 세계를 리드할 사람이 어디서 나올까요? 당연히 학생들의 성취지수가 높은 나라에서 나옵니다. 그러니 당연히 한국입니다. 눈을 높게 가집시다. 가슴을 넓게 가집시다. 세계와 경쟁하면 우리 학생들은, 우리 한국인은 세계 최고입니다.

이제 우리는 여기에 열정만 가지면 됩니다. 무엇을 맡아도, 어디 가서 무슨 일을 해도, 우리 가슴에 열정을 가지고 살아야 합니다. 그 열정이 옆으로 전염이 되는 겁니다. 자부심을 가집시다. 우리는 세계 최고 수준의 머리를 가진 민족입니다. 우리는 세계 최고의 열정을 가진 나라입니다.

이런 좋은 머리와 뜨거운 열정, 좋은 것은 꾸준히 유지하고 좋지 않은 것들은 빨리 개선하면 됩니다. 그래서 훌륭한 인격을 가진 지도자들이 많이 나와서 어디서든지 한국을 일으키는 그런 우리 대한민국이 되기를 소망해봅니다.

롯의 탁월한 인격 또하나는, 롯은 은혜를 아는 사람이라는 것입니다.

롯은 10절에 보면 은혜를 압니다. 남이 자기에게 조금이라도 고맙게 해주면 그것을 알고 표현을 합니다.

"롯이 엎드려 얼굴을 땅에 대고 절하며 그에게 이르되 나는 이방 여인이거늘 당신이 어찌하여 내게 은혜를 베푸시며 나를 돌보시나이까 하니."

보아스가 보여준 조그만 관심과 돌봄에 대해 감격해서 롯은 땅에 얼굴을 대고 절까지 하면서 감사를 표현합니다.

우리가 자주 써야 하는 단어가 몇 개 있습니다. 그 중 대표적인 것 하나가 "고맙습니다, 감사합니다"라는 말입니다. 아주 간단한 말입니다.

미국 사람들의 언어 습관 중 하나가 뭐냐 하면, 무조건 "Thank you!" 하는 것입니다. 한국 사람들로서는 당연한 거라 별로 감사할 일도 아닌데, 매번 "Thank you!"라고 고마움을 표현합니다. 아기 때부터 훈련을 그렇게 시켜서 "Thank you!"라고 말하는 것은 미국인에겐 자연스러운 문화입니다. 범사에 감사하는 기독교적 문화가 자연스럽게 자리잡고 있습니다.

감사는 성령충만한 사람의 특징입니다. 에베소서 5장에 보면 "범사에 감사하라"고 하십니다. 작은 일에도 감사하는 이렇게 표현할 줄 아는 이런 문화가 우리들 가운데 있기를 바랍니다. 은혜를 알고 감사로 표현할 줄 아는 이런 모습이 좋은 인격을 형성하는 데 반드시 필요합니다. 롯은 그것을 아는 여인이었습니다.

롯의 인격 중 또 하나의 장점은 용기였습니다.

3장 6절에 보면, 우리가 길러야 할 자질 가운데 하나인 용기가 나옵니다. "그가 타작마당으로 내려가서 시모의 명대로 하니라."

앞서 2절과 3절에 보면, 시어머니인 나오미가 룻에게 말하기를 "너는 목욕하고 기름을 바르고 의복을 입고 타작마당에 데려가서 그 사람이 먹고 마시기를 다 하기까지는 그에게 보이지 말고 그가 누울 때에 너는 그가 눕는 곳을 알았다가 들어가서 그의 발치 이불을 들고 거기 누우라 그가 네 할 일을 네게 알게 하리라"고 했습니다. 보통 여자들이라면 "어머니, 무슨 말씀이세요? 전 절대로 못해요" 하였을 겁니다. 그런데 룻은 5절에 보면, "어머니의 말씀대로 내가 다 행하리이다" 하면서 시어머니의 말에 복종합니다. 시어머니의 '말씀대로 하겠습니다' 하는 겁니다.

시어머니가 이야기하기를 "보아스가 누울 자리에 네가 누워 있으면 이 남자가 네가 누워 있는 것 보고는 놀랄 것이다. 그러나 너인 줄 알면 그가 너에게 분명히 할 말이 있을 거다" 하는데, 며느리가 "네 어머니 말씀대로 할게요" 순종하는 겁니다. 이것은 용기가 없이는 안 되는 일입니다.

이 세상에서 성공한 사람들의 특징 중 하나는 모험을 두려워하지 않았다는 것입니다. 모험 없이 크게 되는 것은 없습니다. 그래서 성경에서도 말씀하시기를 "강하고 담대하라 실망하지 말고 용기를 내어라"고 하시는 겁니다.

대부분의 사람들은 무섭고 두려워서, 하고 싶지 않은 일들을 시도도 안 합니다. 그러나 역사를 만들어내는 사람들은 어둠 속에서도 용기를 내는 사람들입니다. 이런 사람들 때문에 가정도 되고, 사업도 되고, 나라도 되고 그런 겁니다. 믿음으로 용기를 가지고 전진하는 사람들을 하나님이 쓰시는 겁니다.

이것은 하루아침에 되는 것이 아니고 훈련을 통해서 이루어집니다. 훈련을 반복하면서 그 결과를 경험해 본 사람들이 하는 것이지 아무나 하루 아침에 되는 것이 아닙니다. 습관이 되고 훈련이 되어야 합니다.

룻의 경우도 마찬가지입니다. 보아스가 저녁을 먹고 누웠는데 발에 뭐가 걸려서 보니까 룻이 누워 있습니다. 8절, 9절에 보면 "'밤중에 그가 놀라 몸을 돌이켜 본즉 한 여인이 자기 발치에 누워 있는지라 이르되 놀라서 네가 누구냐 하니 대답하되 나는 당신의 여종 룻이오니 당신의 옷자락을 펴 당신의 여종을 덮으소서 이는 당신이 기업을 무를 자가 됨이니이다.'"

룻에게는 하나님이 주신 기업이 있습니다. 그리고 그 기업은 남편이 죽고 나면 남편의 친척이 이어주어야 할 의무가 있습니다. 그 친척이 포기하면 그 다음 사람에게 갈 수가 있었습니다. 그러나 처음 선택은 가장 가까운 친척에게 그 권리가 있었습니다. 룻의 경우는 보아스가 그 기업을 이을 의무가 있는 사람 가운데 하나였습니다.

'기업을 무른다'는 것은 하나님이 주신 땅을 상속받는다는 의미도 있습니다만, 하나님이 주신 자손, 즉 자식을 낳을 권리를 상속받는다는 의미도 있습니다. 당시 이스라엘에는 남편이 죽고나면 가장 가까운 친척이 그 미망인과 결혼해서 자식을 낳아주고 그 미망인의 가족을 돌볼 의무가 있었습니다. 그러니까 결국 룻이 보아스에게 한 행동은 오늘날로 말하면 프로포즈나 마찬가지입니다. 그것도 남의 나라 여자요, 자기의 하인인 여자가 주인에게 그런 말을 하는 겁니다. 그래서 룻의 용기가 대단하다는 겁니다.

그런데 그 다음에 보아스를 보면 보아스가 참 멋진 남자입니다.

10절에 보면 "그가 이르되 내 딸아 여호와께서 네게 복 주시기를 원하노라 네가 가난하건 부하건 젊은 자를 따르지 아니하였으니 네가 베푼 인애가 처음보다 나중이 더하도다."

보아스의 첫마디는 축복이었습니다. 처음에 입을 열자마자 하나님께서 네게 복을 주시기를 원한다고 축복부터 합니다. 그래서 보아스를 축복의 사람이라고 제가 말씀드리는 겁니다.

젊은 여자가 밤중에 옷을 잘 차려 입고 와서 내 앞에 앉아 있는데 첫 마디가 "여호와께서 너에게 복 주시길 원하노라" 이렇게 축복부터 하고 보는 겁니다. 보통남자면 하나님 애기를 안 할 겁니다. 그런데 보아스는 평상시부터 늘 하나님을 앞세워 하나님 제일주의, 하나님 중심주의, 하나님 앞에서 산 사람이었습니다. 축복이 생활습관이 된 겁니다.

이렇게 하나님이 우선인 사람, 사람을 만나면 축복부터 하는 사람, 이런 사람들이 많아지면 가정이 서고, 교회가 서고, 나라가 서는 겁니다. 이런 탁월한 사람이 모였는데 그 나라가 어떻게 안 서겠습니까?

이제 룻이 어떤 여자인가 또 나옵니다.

룻기는 보아스의 입을 빌려 룻을 현숙한 여자라고 하고 있습니다.

11절에 보면 "내가 네 말대로 네게 다 행하리라 네가 현숙한 여자인 줄을 나의 성읍 백성이 다 아느니라"고 보아스가 말합니다. 우리말은 '현숙한 여자'이지만 본래 히브리 뜻은 '탁월한 도덕성, 탁월한 윤리성, 탁월한 인품, 인격을 가졌다'는 뜻입니다. 보아스가 이렇다 저렇다 말을 안 할 뿐이지 다 알고 있다는 것이지요.

내가 그 동안에 어떤 인격을 가졌는지, 어떤 자질을 가졌는지, 어떤 모습으로 살아왔는지는 다 드러나 있습니다. 내가 평소에 말을 어떻게 했고, 어떻게 사람을 돌보고, 어떻게 관심을 갖고, 어떻게 축복을 했고, 이 것이 일상생활에서 어쩌다 한번씩 나타나는 것이 아니고 습관적으로 계속 나타나니까 사람들을 만나다보면 얼마 안 가서 모두가 다 알게 됩니다.

우리는 매일매일 우리의 일상 속에서 우리의 인상을 늘 만들어 가고 있습니다. 우리의 말, 행동, 모습, 태도, 습관, 영향력 이런 것들이 우리들의 이미지를 심어주고 있습니다.

꾸준히 매일같이 하나님 앞에서 우리의 인격을 향상시켜서 말할 때 우리의 태도, 생각, 느낌, 행동, 습관들이 계속적으로 우리의 인격을 길러 갑니다. 그래서 매일 매일의 삶 속에서 사람들이 여러분을 생각하면 환한 웃음이, 기쁨이 넘치는 이러한 새로운 변화들이 여러분의 삶 속에서 가득하기를 기원합니다.

여러분과 제 삶 속에서 이러한 탁월한 인격들이 꼭 나타나서 우리가 우리의 가정에 축복이 되고 교회의 축복이 되기를 원합니다. 우리가 있는 곳에 축복이 되고, 우리의 사회에서 반드시 축복이 되는 사람들 되기를 원합니다.

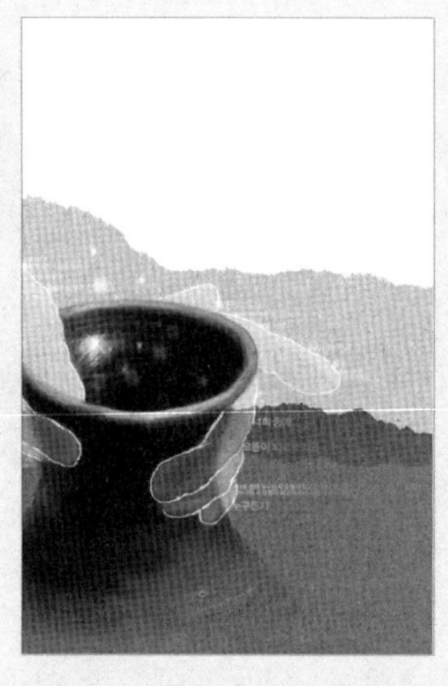

여러분. 시작은 지금입니다. 지금부터 시작하면 누구나 그분처럼 될 수 있습니다. 지금 시작하면 여러분과 저도 룻과 보아스처럼 이웃으로부터 존경과 사랑을 받고 축복을 받는 사람이 될 수 있습니다.

제9장

현숙한 여인

지금까지 우리나라는 엄청난 발전을 해왔습니다. 그래서 많은 개발도상국들이 한국을 쳐다보면서 어떻게 하면 한국처럼 될까 하고 한국을 롤모델로 삼아 국가의 발전을 계획하고 있다고 합니다.

오늘날 한국이 이렇게 발전한 것은 하나님의 축복이고, 한국 사람들에게 좋은 장점들이 있었기 때문입니다. 한국인의 장점들이 합쳐지면서 시너지를 발휘해서 경제적으로, 지식적으로 과학과 기술을 여러 분야에서 발전을 했습니다.

그런데 한 가지 분야가 덜 발달되었고 아니면 거의 발달하지 못한 분야가 하나가 있는데 그것이 바로 인성입니다. 우리의 인품, 품성, 인격은, 제가 학생일 때하고 지금 우리 지도자의 모습을 보면 거의 달라진 게 없습니다. 지식과 기술은 축척이 되지만 사람의 인격은 축적이 안 되기 때문입니다. 사람이 인격을 닦는 데는 평생이 걸립니다. 많은 경험을 통해서, 실패와 성공을 통해서 인생을 다 배워서 웬만큼 깨달으면 이제는 죽을 때가 다 되었습니다. 그러니 사람의 인격은 축척이 안 되어서 그 사회의 문화나 품성은 국가 전체적으로 성장을 해야 하는데, 그것이 문화화되지 않으면 축적도 발전도 없이 계속 반복이 되는 겁니다.

그래서 지식과 기술이 발달하고 경제는 발달해도 사람들이 존경받지 못하는 국민이 될 수 있는데, 바로 지금 우리의 모습입니다.

존경받는 대한민국의 시작은 교회에서부터

우리의 경제와 기술은 부러워합니다. 그러나 한국 사람들이라는 국민성과 국민 자체를 부러워하는 나라는 별로 없습니다. 오히려 비난하고 비판합니다.

얼마 전 북경에 가서 북경올림픽을 하는데 보니까, 중국 사람들은 한국 사람을 절대 응원을 하지 않더군요. 전부 한국과 경기하는 반대편을 응원하지, 우리하고 이웃인데도 한국 사람을 응원을 안 합니다. 그것은 중국사람들이 한국사람을 존경하지 않는다는 겁니다.

한국 사람이 돈이 많다는 것은 인정해도 잘 산다는 것은 인정해도, 한국 사람의 인격과 인품에 대해서는 그 사람들이 무시한다는 겁니다.

그래서 지금 우리가 당면한 문제가 우리의 인격의 문제, 인성의 문제라고 제가 말씀드리는 겁니다. 우리가 앞으로 훌륭한 나라가 되고, 선진국이 되려면 지식과 기술, 경제뿐만 아니라 한국 사람의 내면의 세계가 변해야 합니다.

우리의 인격이 발전되고, 성숙해지고, 좋아지지 않으면 부자라고 해도 졸부 생각만 하는 겁니다.

그러나 우리 한국 사람들은 워낙 많은 장점들이 있어서 오늘날 여기까지 왔습니다. 그렇기 때문에 우리의 단점만을 보완해서 그것을 장점화한다면 한국 사람들은 훌륭한 물질적 풍요로움과 함께 정신적인 풍요로움으로도 존경받는 국민이 될 수 있습니다.

이 일은 교회에서부터 시작해야 되고, 예수 믿는 사람부터 시작해야 합니다.

그래서 지금까지 우리는 룻기를 통해서 룻과 보아스의 모습을 보면서 우리의 모델을 찾고 있습니다. 그 분들의 아름다운 품성과 인격을 우리 자신과 비교해 보면서 우리가 어디가 모자라나, 어디서 부족한가, 아니면 어디까지 왔는가 살펴보고 있습니다. 우리들이 본받아야 할 모델을 찾아 우리를 평가하고, 또 우리가 어디까지 왔는지 못 왔는지를 살펴보면서 우리가 갈 길을 찾아야 합니다.

현숙한 여인이란 탁월한 인품의 여자란 뜻

룻기 3장 11절에 보니까 보아스가 이런 말을 합니다. "내 딸아 두려워하지 말라 내가 네 말대로 네게 다 행하리라 네가 현숙한 여자인 줄을 나의 성읍 백성이 다 아느니라."

룻은 모압 여자요 과부로서, 다른 나라의 여자이고 이스라엘의 풍습도 잘 모르는 여자인데 보아스는 룻에게 현숙한 여인의 탁월한 인격이 있다고 말합니다.

보아스는 '현숙한 여자'라는 표현을 했는데, '현숙하다'는 표현은 우리 말의 현숙한 의미가 아니라 실제 뜻은 '탁월하다'는 뜻입니다. 룻의 인격 과 윤리와 인품이 탁월하다는 것입니다. 룻의 인격이 다른 사람과 비교 안될 만큼 탁월하다는 것이 보아스의 평가였습니다.

보아스가 룻을 보고 현숙한 여인이다, 인격에 있어서 탁월하다고 하 는 것은 룻의 인격 자체가 탁월했기 때문에 보아스가 그 전에 이미 소 문과 다른 사람들의 평가를 들어 룻의 인격을 알고 있었다는 뜻입니다.

룻의 경우는 인격이 탁월한 여자였습니다. 탁월한 인품과 인격과 성 품은 일상생활에서 날마다 그 인격을 길러가면서 하나씩 행동으로 옮겨 갈 때 드러납니다. 그런 일상의 말과 행동을 통해 사람들은 서로 모르게 인상을 받고 머릿속에 이미지가 생겨서 점점 좋은 이미지를 심어 가면서 그 사람의 인격과 인품을 평가하게 되는 것입니다.

그래서 그 동안에 좋지 않은 인상과 인품을 보여 주었다면 당연히 싫 은 반응을 보이는 것이 우리의 자연스러운 반응입니다.

제가 미국에서 신학대학교에 있을 때 동료 교수가 도서관에 가서 30 년 된 앨범을 꺼내서 보여주었습니다. 그러면서 30년 전의 자기를 보여 주는데 지금의 모습하고는 많이 다르더군요. 그런데 그 교수가 사진 속 의 자기 옆에 있는 동양 사람을 가리키면서 거짓말쟁이라고 합니다. 그 친구와 공부하면서 그 사람을 반복적으로 봐왔는데 그 사람에 대한 인상 이 남아 있는 것은 거짓말쟁이라는 것뿐이라는 겁니다.

이렇듯 일상생활 속에서 반복되는 우리의 말과 행동, 그리고 습관이 우리의 인격을 만듭니다. 늘 거짓말만 하는 사람에게는 거짓말쟁이라는 인격만 남는 것이 당연한 일입니다.

룻의 경우는 보아스가 보자마자 현숙한 여인, 탁월한 여자라고 했습니다. 인격적으로 도덕적으로 탁월한 여자라는 겁니다. 이러한 평가는 일상생활 속에서 나오는 겁니다. 그래서 일상생활이 중요합니다.

매일 매일 시간마다 말 한마디 한마디를 성령님을 통해서 성령님의 도움을 받아서 살아가는 모습이 성령충만인데 매일 성령충만한 삶이 필요합니다. 매일 성령충만한 삶을 살면 성령님께서 그 사람의 삶 속에 역사하는 게 사람들의 눈에 보이게 됩니다.

거기서 그 사람에 대한 인상을 받는 겁니다. '아 저분은 경건한 사람이고, 저 사람은 하나님의 뜻대로 살려고 하는 사람이구나' '저 분은 늘 성령님을 의존하고 사는 사람이구나' 또 '저 사람은 늘 기도하며 말씀대로 순종하며 사는 그런 사람이구나' 이런 평가는 우리가 어느 날 갑자기 내리는 것이 아니라 일상을 통해 그 사람을 지켜보면서 저절로 생겨나는 것입니다.

여러분과 저도 하나님의 말씀에 순종하면서, 날마다 성령에 충만해서 꾸준히 살아가다 보면 온 동네사람들이, 온 교회가, 온 집안이 여러분과 저를 생각하면 현숙한 여자, 탁월한 남자 이런 정평이 여러분과 제 인생에 있기를 바랍니다.

한 사람에 대한 인상, 소위 이미지는 한 순간에 만들어지는 것이 아니라 삶을 통해서 이루어집니다. 이미지를 만들려고 해서 만들어지는 것이 아니라 인격이 밖으로 흘러나와서 우리 언행심사에서 자연스럽게 이미지가 되는 겁니다.

그래서 평소의 생각과 말과 행동과 생활습관, 다시 말하면 탁월한 인격적 삶이 날마다 반복적으로 훈련되고 성숙되기를 바라는 것입니다.

룻을 현숙한 여인, 탁월한 여자로 평가한 보아스의 말에 보면 보아스가 자기 자신에 대해 말하는 모습이 나옵니다.

12절에 "참으로 나는 기업을 무를 자이나 기업 무를 자로서 나보다 더 가까운 사람이 있으니"라고 말합니다.

이건 무슨 말입니까? '나오미와 룻이 와서 나에게 남편의 땅을 사달라, 결혼해 달라고 하는데 나보다 더 가까운 친척이 있다. 가까운 친척별로 우선권이 있는데 내가 지금 하겠다 그런 말을 하면 안 된다. 그 사람이 나보다 먼저니 그 사람에게 우선권이 있고 그 사람에게 물어보고 자기가 기업을 사겠다고 하면 그 사람에게 우선권이 있고, 안 하겠다고 하면 그 다음이 내 차례다. 절차에 따라서 할 테니까 너는 기다리라.' 그렇게 말하는 겁니다.

법과 하나님의 섭리를 존중하는 보아스의 인격

이렇게 말하는 보아스의 인격은 어떤 사람인가요? 보아스는 하나님의 섭리와 법과 질서를 존중하는 사람입니다. 다시 말하면 일을 해결하기 위해서 무리수를 두지 않는 사람입니다. 보아스는 무리한 인생을 살지 않고 모든 것을 법과 순리에 맞게 처리하는 사람입니다.

우리나라에 문제를 일으키고 신문에 나고 감옥에도 가는 사람들, 우리나라의 최고의 자리에 가서 국회 인사청문회에서 우수수 떨어지는 사람들을 보면 가문과 명성을 부끄럽게 하고 왜 그러는 걸까요? 그분들은 인생에 무리수를 두고 살아서 그런 겁니다. 꼭대기까지 갔지만 정상적인 질서를 따라서 순리대로 살지 않고, 성공하기 위해서 억지로 무리수를 두고 살았다는 말입니다. 이것은 좋은 인격이 아닙니다.

자연스럽게 하나님의 섭리대로 순리를 따라서 편안하게 물 흐르듯이 살아가는 모습이 보아스의 모습입니다. 이것이 보아스의 큰 인격적 장점입니다.

여러분과 제가 이 땅에서 평화롭게 사는 방법 가운데 하나가 이것입니다. 보아스처럼 무리수를 두지 않고 자연스럽게 주님의 섭리를 따라서, 주의 뜻을 따라서 순리대로 산 사람들의 특징은 편안합니다. 하나님의 뜻과 섭리를 따라서 무리 없이 살아가는 이 모습을 한국 사람들이 절대적으로 배워야 합니다.

우리는 무리수를 너무 많이 둡니다. 정당한 방법으로 안 되면 뇌물을 줘서라도 해결하려고 합니다. 우리나라의 부패가 그렇게 해서 생긴 것들 아닙니까? 자기 목적을 성취하기 위해서 수단과 방법을 가리지 않고 사는 인생, 거기에 무리가 있고, 문제가 있고, 부끄러움도 있는 겁니다.

그래서 우리나라는 이 보아스와 같은 삶을 배워야 합니다. 자연스럽게 질서를 따라서 법대로 해야 합니다. 무리한 행동과 언행으로 살아서는 절대로 하나님의 축복을 받을 수가 없고 사람들의 존경을 받을 수가 없습니다. 보아스처럼 절차를 밟고 살아야 합니다.

18절에 보면 보아스는 '내가 다 할 때까지 모든 일을 성취하기 전까지 쉬지는 않겠지만 내가 절차를 밟아서 되면 감사하고 안 되면 나보다 더 우선권이 있는 분이 있으니 그 분의 뜻을 기다려야 한다'고 말합니다. 이런 사람들이 이 땅에 많이 생겨야 합니다.

어디서부터 출발해야 할까요? 교회부터 시작해야 합니다. 예수 믿는 사람들이, 성경을 배우는 사람들이 먼저 우리 자신의 인품과 인격을 룻과 보아스처럼 개발을 해야 합니다. 지금 우리가 배우고 함께 공부하는 '탁월한 인격 만들기'가 그런 계기가 되기를 바랍니다.

룻의 성품 중 또 하나는 룻은 눈치가 있는 여자라는 것입니다. 14절에 보면 "새벽까지 발치에 누웠는데 사람이 피차 알아보기 어려울 때 일어나" 보아스와 이야기를 합니다. 그래서 그때 일어나는 일은 룻과 보아스만 압니다. 두 사람이 다 명예를 대단히 중요하게 생각한 겁니다.

룻과 보아스는 자기의 욕망이나 자기의 이익을 추구하는 사람이 아니라 명예를 중요시 여기며 사는 사람들이었습니다. 그래서 자기들의 명예에 손상이 가지 않도록 재치있고 지혜롭게 판단력을 가지고 살아가는 룻의 모습, 이런 것들이 룻의 인격을 만들어 가는 것입니다.

15-17절에는 보아스의 모습이 보이는데 **보아스의 장점은, 보아스는 너그러운 사람이라는 것**이었습니다. 그래서 룻이 집에 돌아갈 때 빈손으로 시어머니에게 가는 것이 아니라고 보리 여섯 되를 룻에게 주었습니다. 남의 형편을 알아주고 미리 대비해주고 너그러운 마음을 표현해 주는 룻과 보아스의 모습은 정말 아름답습니다. 우리가 본 받아야 될 모습입니다.

예수 믿는 사람들이 우리 하나님께서 주신 좋은 모델을 보면서 이들의 아름다운 자질들을 보면서 하나씩 배워보고 우리들이 실천해 보면서 우리의 탁월한 인격이 형성되길 바랍니다.

18절에 보면 보아스가 성문 앞에 가서 도시의 지도자들이 모이는 곳에서 순리대로 정상적인 방법으로 기업 무를 자와 장로들을 불러다 룻의 얘기를 합니다. 그런데 그 기업 무를 사람은 손익계산을 하며 사는 사람이었습니다. 우리 주위에도 자기 유익함에 무리수를 두는 사람이 많지 않습니까? 그런데 그 사람도 남의 이익보다는 자신의 이익을 우선하는 사람이었습니다.

4장 6절에 보면 "그 기업 무를 자가 이르되 나는 내 기업에 손해가 있을까 하여" 룻의 기업을 무르지 않겠다고 합니다. 절대로 나는 손해보고 못 한다, 나에게 유익이 있어야 한다는 것입니다. 대개 세상적으로 사는 사람들의 생활 방식과 사고방식, 인격이 이런 겁니다. 이런 사람은 우리 주변에도 아주 많습니다.

이런 사람들이 감소하고 보아스와 같은 사람, 넉넉한 사람, 자비로운 사람, 남을 생각하는 사람, 법을 지키는 사람 이런 사람들이 다 되기를 원합니다. 그래야 이 나라가 잘 될 수 있습니다. 좋은 나라가 될 수 있습니다.

그래서 보아스는 모든 절차를 다 밟고 나서 비로소 "내가 그 땅을 사고 룻과도 결혼을 하겠다"고 합니다. 질서를 따라서 "기업 무를 자가 보아스에게 이르되 네가 너를 위하여 사라하고 그의 신을 벗는지라"(8절) 이것은 장로들과 모든 백성들 앞에서 보아스에게 기업을 무를 권리를 넘긴다는 보증과 같은 행동입니다. 앞으로 엘리멜렉의 기업을 이어주고 남의 핏줄을 이어주는 권리를 보아스에게 넘기겠다는 것입니다. 이에 보아스가 기업 무를 권리를 이어받아 룻의 재산을 관리해주고 친척인 엘리멜렉의 이름이 이어질 수 있도록 하겠다고 약속을 하고 룻과 결혼을 합니다.

가족과 이웃에게서 축복받는 사람들

룻과 보아스는 어떤 사람들인가요? 이웃에 축복을 받으며 사는 사람들입니다. 이런 사람의 모습을 보면 축복을 받는 사람의 모습입니다.

룻과 보아스는 축복을 일으키는 사람들입니다. 소위 말하는 축복의 근원입니다.

예수 믿는 사람들은 믿지 않는 사람들에게도 이 땅에 복의 근원이 되고 싶다는 생각을 갖고 살아야 합니다. 이런 생각을 갖고 남에게 축복이 되려고 하는 사람들을 주님은 원하십니다.

주님께서 뭐라고 하셨냐면 "너희가 성공하고, 최고의 인물이 되고 싶으냐 일등 되고 싶으냐 그러면 섬기는 자가 되라 다른 사람의 종이 되라"고 하셨습니다. 그래서 다른 사람들을 세워주고, 다른 사람이 잘되게 해 주라고 하셨습니다. 정말로 위대한 사람은 자기의 위대함을 과시하는 것이 아니라 다른 사람을 위대하게 해 주는 사람이 위대하다는 겁니다.

예수님의 방법, 이것이 룻과 보아스의 방법이요 성경의 방법입니다.

이 세상에는 '성공학'이라는 것이 있습니다. 성공학을 다룬 책 가운데 보면 "뭘 하든지 거기엔 네 이익부터 챙기라"고 합니다. 이것이 세상의 방법입니다.

그러나 하나님의 방법은 정반대입니다. 하나님의 방법은 하나님을 맨 먼저 생각하고, 섬기고, 전심으로 사랑하라는 것입니다. 그리고 네 이웃을 사랑하라는 것입니다. 이 두 가지가 예수님께서 말씀하신 가장 큰 두 개의 계명이요, 신구약 성경 전체의 요약입니다.

J.O.Y라는 말이 있습니다. "Jesus first(예수님 먼저) Others next(다른 사람은 두 번째) You last(너는 세 번째다)"라는 말입니다. 그래서 이 세 글자의 약자가 모여 결국 Joy라는 글자가 되면 기쁨과 행복이 오는 겁니다. 이 순서가 바뀌면 Joy가 없습니다, 기쁨이 없습니다.

참된 기쁨은 예수님이 첫째, 하나님이 언제나 먼저입니다. 하나님을 섬기고, 하나님께 영광 돌리고 하나님을 찬양하고, 하나님께 기쁨을 돌리는 것이 먼저고, 그다음에 다른 사람을 위해서 희생하고, 다른 사람을 섬겨주고, 다른 사람을 세워주고, 축복해 주는 것이 그 다음입니다. 그러면 맨 마지막에 나는 저절로 행복해지는 겁니다.

그래서 기독교의 행복과 성공은 100%입니다. 세상의 성공과 행복은 3%의 사람만 성공한다고 합니다. 하나님의 행복과 성공, 세상의 행복과 성공은 이렇게 큰 차이가 있습니다.

예수를 믿는 사람은 누구든지 최고의 인물이 될 수 있습니다. 왜? 섬기는 사람이 최고이기 때문입니다. 룻과 보아스가 그런 종류의 사람입니다.

11절에 보면 "성문에 있는 모든 백성과 장로들이 이르되 우리가 증인이 되나니 여호와께서 네 집에 들어가는 여인으로 이스라엘의 집을 세운 라헬과 레아 두 사람과 같게 하시고 네가 에브랏에서 유력하고 베들레헴에서 유명하게 하시기를 원하며"라고 말씀하고 있습니다. 룻과 보아스는 온 동네 사람들에게 축복을 받았습니다.

이어서 12절에 "여호와께서 이 젊은 여자로 말미암아 네게 상속자를 주사 네 집이 다말이 유다에게 낳아준 베레스의 집과 같게 하시기를 원하노라"고 합니다. 과거 축복받은 사람들의 축복을 룻과 보아스에게 동네 사람들이 모두 축복해 주는 겁니다.

축복받을 인격을 안 갖추고 축복 받을 말을 하지 않고, 그렇게 살아오지 않은 사람은 동네 사람들이 축복해 줄 수 없습니다.

인격을 형성시키면서, 인격을 개발하면서 탁월한 인격을 향하여 점점 다가가는 사람들은 하루하루 다른 곳을 보지 않고 무엇을 하든지 하나님 앞에 살아가는 사람이 되면 다른 사람들이 축복을 해 주고 싶어집니다. 그런 사람이 잘 되는 것을 보면 모두가 기쁘기 때문입니다.

여러분과 제가 그런 종류의 사람들이 되기를 바랍니다.

그러나 이것은 어느 날 갑자기 되는 것이 아닙니다. 매일 매일 조금씩 꾸준히 부족한 것은 채워가면서, 바꿀 것은 바꾸면서, 회개할 것은 회개하면서, 하나님 앞에서 순종할 것은 순종하면서, 남에게 보여 주려고 하는 것이 아니라 하나님 앞에서 꾸준히 살아가야만 이룰 수 있는 일입니다.

여러해 전에 제가 40대에 수요일 성경공부를 할 때의 일입니다. 그때 70살 정도 보이는 연세가 많은 부부가 들어오시는데 제가 보기에도 너무 멋있는 겁니다. 그 분들의 인품이 외모에서 풍겨 나왔습니다.

그래서 저는 속으로 생각하기를, '일찍부터 삶의 목표를 가지고 아름다운 인품을 형성하기 위해서 꾸준히 평생을 사셨나보다'라고 생각했습니다. 그런데 성경공부 끝나고 인사하면서 물어 보니까 감리교에서 은퇴하신 목사님이라고 하셨습니다. 나중에 알아보니 열여덟부터 목회하신 이 분은 감리교에서는 유명한 훌륭한 분이라고 하시더군요. 그분이 평생을 살아온 인격이 그분의 얼굴과 외모에서 향기처럼 풍겨 나왔습니다. 그래서 그분을 보면서, 아 나도 나중에 나이가 들면 저분처럼 외모에서 내 인격의 향기가 풍겨나오는 사람이 되어야겠다는 생각을 했습니다.

여러분, 시작은 지금입니다. 지금부터 시작하면 누구나 그분처럼 될 수 있습니다. 지금 시작하면 여러분과 저도 룻과 보아스처럼 이웃으로부터 존경과 사랑을 받고 축복을 받는 사람이 될 수 있습니다.

"오늘부터 시작해야 저 분처럼 70대 되었을 때 다른 사람이 나를 보았을 때 보자마자 그리스도의 아름다운 성품과 아름다운 모습이 풍겨 나올 수 있도록 하나님이여 나를 오늘부터라도 도와 주십시오."

저도 그때부터 이렇게 기도했습니다. 그리고 생각날 때마다 꾸준히 제 마음속에 이 기도를 하면서 살아왔습니다.

우리가 어떻게 하면 보아스와 룻처럼 될 수 있을까요? 여러분이 보아스와 룻과 같은 삶을 살고 싶다고 도전을 받은 그날 바로 하나님 앞에 무릎을 꿇으십시오. 그리고 기도하십시오.

"주여, 나에게도 이 아름다운 탁월한 인격을 향한 목표를 주십시오. 하나님께서 나를 도와 주셔서 시간이 갈수록 겉사람은 후퇴해 가더라도 속사람은 날마다 새로워지는 탁월한 인격의 축복을 나에게도 허락하여 주옵소서" 기도하십시오.

"룻과 보아스같이 내 인생에도 이 축복을 하나님께서 꼭 허락하여 주옵소서" 이런 기도가 여러분과 저에게 있을 때 반드시 그렇게 될 것입니다. 하나님은 하나님의 축복을 구하는 기도, 나를 통해 내 이웃까지 축복하고자 하는 기도에는 반드시 응답하실 것입니다.

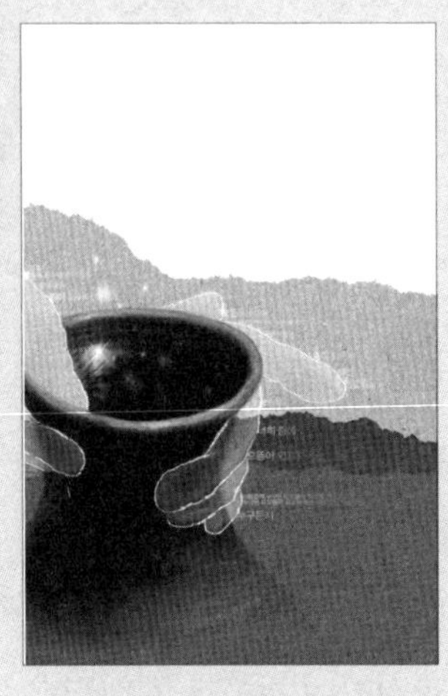

우리가 기도하는 것
이 우리의 목표이고
소원이고, 비전입니
다. 그래서 우리의
기도는 방향이 제대
로 맞아야 합니다. 제대로 목표와 비전을
세워야 우리의 인격이 제대로 성장합니다.

제10장

일곱 아들보다 귀한 자부

사람들은 누구나 마음에 소원이 있습니다. 예수 믿는 사람들은 그 소원을 어떻게 표현할까요? 믿는 사람은 기도로 표현합니다. 그래서 그 마음에 소원이라고도 말할 수 있고 또 비전이라고도 합니다. 또는 환상이라고도 하고 꿈이라고도 하고 목표라고도 말하고 여러 가지로 표현을 합니다.

사실상 그 모든 것들이 믿는 사람들의 기도라는 것으로 표현됩니다. 마음속의 가장 깊은 곳에서 간절히 소원하고 꿈꾸고 원하고 추구하고 목표로 하는 그 모든 것들을 기도라는 말로 표현을 합니다.

예수님께서도 "네가 믿는 대로 될 것이다. 구하라 주실 것이요"라고 말씀하셨습니다. 그래서 탁월한 인격도 그게 우리의 목표가 되어야 탁월한 인격으로 변화합니다. 탁월한 인격에 대해 전혀 생각하지도 않고, 간절히 원하는 기도도 하지 않으면 탁월한 인격이 나타날 수가 없습니다.

탁월한 인격은 구하는 자에게만 주어진다

탁월한 인격은 구하는 자에게 주십니다. 그래서 한국교회의 모든 성도들과 우리 국민들이 잘사는 것만 위해서 기도하면 안 됩니다. 잘사는 것은 지식과 기술을 증가하고 물건을 잘 만들고 잘 팔면 잘 살 수 있습니다. 그런데 잘 사는 것만이 아니라 훌륭한 국민이 되는 것을 원해야 됩니다. 기도해야 합니다.

그래서 우리의 장점을 증가시키고 단점을 약화시키고 변화시켜서 훌륭한 인격적 자질을 원하고 추구하고 구해야 우리 국민이 잘 될 수 있습니다.

룻과 보아스의 인격도 하루아침에 되지는 않았을 겁니다. 우리가 꾸준히 평생 탁월한 인격을 추구해 가도 나이가 들수록 몸은 병들고 약화되어 갑니다. 그러나 겉사람은 늙어도 우리의 마음과 내면의 속사람은 늙지 않습니다. 나이와 상관없이 내면의 사람은 계속 발전하고 아름다워질 수 있습니다.

우리가 아름답고 탁월한 인격, 경건한 인격을 추구하는 운동이 있었으면 좋겠습니다. 그래서 우리나라에 훌륭한 인격을 추구하는 그런 운동이 일어났으면 좋겠습니다.

이런 운동은 결국은 교회가 해야 합니다. 교회에서부터 이런 것을 원하는 사람들이 이 나라에 많이 있어서 어려서부터 인격을 추구하는 교육과 훈련을 해야 됩니다.

그래서 탁월한 인격을 만들기 위한 강의를 하고, 책을 읽고, 지적해 주고, 또 좋은 인격을 훈련하고, 꾸준히 목표를 가지고 전진을 해야 합니다. 그러면 우리가 점차적으로 발전하고 잘 될 수가 있습니다.

룻과 보아스가 그런 사람이었습니다. 그들이 꾸준하게 훌륭한 인격을 형성하자 주위사람들이 칭찬을 했습니다. 만약 못된 사람이 잘되면 사람들은 질투하고 험담을 하면 했지 축복해주지는 않습니다. 그런데 룻과 보아스는 동네사람들과 장로들이 모두 축복을 해주었습니다.

14절에 보면 "여인들이 나오미에게 이르되 찬송할지로다 여호와께서 오늘 네게 기업 무를 자가 없게 하지 아니하셨도다 이 아이의 이름이 이스라엘 중에 유명하게 되기를 원하노라"고 했습니다.

앞서에서는 보아스에게 남자들과 지도자들이 와서 축복하더니 이번엔 여자들이 와서 나오미에게 축복을 합니다. 그 축복의 내용을 보면 하나님에게 순종하며, 하나님의 도움을 받고, 성령의 도움을 받으라는 것입니다. 꾸준히 아름다운 인격을 추구하는 사람들이 생겨서 인격이 아름다워지면 그것 때문에 하나님에 대한 찬송이 생깁니다. 하나님을 찬양하는 제목이 됩니다. 우리의 아름다운 모습 때문에 우리의 좋은 탁월한 인격 때문에 하나님의 이름이 찬송됩니다.

제가 어느 사랑방 소그룹 모임에 갔는데 그 중에 믿지 않은 분이 오셔서 소개를 해 주셨습니다. 그 분에게 제가 "여기 오시니까 느낌이 어떠세요?" 물으니 "좋아요. 그런데 예수 믿는 사람은 달라요. 저도 남편하고 교회에 갔으면 좋겠어요. 교회에 다니는 남자들은 인상부터 달라요"라고 대답했습니다. 그 다르다는 말은 좋다는 의미입니다. '교회 다니는 사람은 인상이 다르다'는 말은 좋다는 의미였습니다. 그래서 하나님께 감사했습니다. 제가 갔던 그 소모임은 동네 사람들의 칭찬을 받는 모임이었습니다.

옛날 초대교회도 그랬습니다. 사도행전 2장의 특징을 보면 "사람들에게 칭찬을 받으니 하나님께서 믿는 자의 수를 날마다 더하시더라"고 했습니다. 그것은 초대교회에 인격적 변화가 있었다는 의미입니다.

예수 믿고 하나님을 알게 되고, 성경공부하고, 기도하고, 성령의 도움을 받고, 훈련을 하고 나니까 인격적 변화가 생겨서 사람들에게 칭찬을 받았다는 겁니다.

룻기에서도 마찬가지입니다. 룻과 보아스도 인격의 변화로 인해 이웃에게 칭찬받고 축복받는 사람들이었습니다.

말씀을 묵상하다 어느 날 이런 생각이 들었습니다.

'예수 믿고, 하나님을 알게 되고 신앙생활 꾸준히 하게 되면 그 사람의 인격이 좋아질 수밖에 없는 건 당연하다. 마치 최소한 주일날 한번만 교회에 나가서 기도하고, 찬송하고, 하나님의 말씀을 들어도 마치 일주일에 한 번은 영적인 샤워를 한 것과 같지 않은가.'

그렇습니다. 우리는 1년 365일 가운데 52번은 영적 샤워를 하는 사람들입니다. 매일 샤워하는 사람, 일주일에 두 번 샤워하는 사람, 여러 종류의 사람들이 있겠지만 그렇게 조용히 앉아서 자기를 살피고 하나님 앞에 회개하고, 주의 말씀을 듣고 내가 어떻게 살아야 할지를 일주일에 한두 번만 생각해도 대단한 것입니다.

이러니 이 사람이 깨끗해 질 수밖에 없습니다. 꾸준히 신앙생활을 하면 그 사람의 인격이 좋아지고 아름다워질 수밖에 없습니다. 올바른 기독교인이라면 최소한 일주일에 한두 번은 반드시 절대자인 하나님 앞에 자신을 돌아보고 자신이 지은 죄를 회개합니다. 이것이 신실한 신앙생활입니다.

'예수 믿는 남자가 다르다'는 말이 나오는 것은, 예수 믿는 사람은 최소한 일년에 52번은 영적인 샤워를 하기 때문입니다. 365일 동안 하루도 샤워를 하지 않는 사람과 최소한 52번 한 사람은 냄새가 다를 수밖에 없습니다. 예수 믿는 사람들은 신실하게 안식일을 기억하여 거룩하게 주일을 지킵니다. 또 어떤 분들은 매일 새벽기도회에 나와서 매일 영적 샤워를 합니다. 그러니 당연히 사람이 달라지고 그 사람이 풍기는 냄새가 달라질 수밖에 없다는 겁니다.

날마다 새롭게 변하고 성장하기를 구하라

우리의 모습이 날마다 변하고 성장하기를 하나님께 구해야 합니다. 탁월한 인품과 습관과 언행, 날마다 감사와 감격에 찬 인격들이 잘 개발되어서 사람들에게 칭찬 받는 사람 되기를 구해야 됩니다. "하나님, 날 변화시키셔서 하나님의 딸 아들답게 계속적으로 발전하고 성장하게 하여 주시옵소서" 기도해야 합니다.

우리가 기도하는 것이 우리의 목표이고 소원이고, 비전입니다. 그래서 우리의 기도는 방향이 제대로 맞아야 합니다. 제대로 목표와 비전을 세워야 우리의 인격이 제대로 성장합니다.

어디로 가야 될지 알고 가야지, 방향 없이 가면 어디를 가겠습니까?

총을 쏴도 겨냥하고 쏴야 맞지, 겨냥하지 않고 아무데나 쏘면 맞을 리가 있나요?

인생을 살아가면서 여러분은 룻과 보아스처럼 아름다운 인격과 자질, 이런 것들을 삶의 목표로 삼고 꾸준히 기도하고 간구하시길 바랍니다. 그러면 여러분의 남은 인생에 하나님이 은혜 주시고, 성령님이 도와주셔서 여러분의 기도에 하나님이 응답해 주실 겁니다. 그래서 여러분께 사람과 하나님 앞에 총애를 입는 축복이 있기를 바랍니다. 여러분들로 인해 믿는 자의 수가 날마다 더해지는 축복이 우리 땅에 있기를 원합니다.

룻기를 보면 보아스는 남자들이 축복하고, 나오미는 여자들이 축복합니다. 얼마나 멋진 광경입니까? 그런 룻과 보아스가 결혼해서 아이를 낳았고 룻 때문에 하나님을 찬송하는 일이 생겼습니다. 탁월한 영적 인격을 개발하면 그 사람 때문에 하나님을 찬송하는 그런 역사가 생기는 것입니다.

14절에 보면 "여호와께서 오늘 네게 기업 무를 자가 없게 하지 아니하셨도다 이 아이의 이름이 이스라엘 중에 유명하게 되기를 원하노라" 하고 여자들이 룻에게 축복해주었습니다.

축복하고, 축복받는 사람이 되라

우리는 축복도 받아야 하지만 또한 동시에 늘 축복하는 사람도 되어야 합니다. 늘 축복하는 삶을 살아야 됩니다. 다른 사람에게 무슨 일이 있을 때마다 꼭 축복하는 습관을 길러야 합니다.

왜 축복을 해야 되고 습관을 가져야 합니까? 축복을 한다는 것은 씨를 심는 것이기 때문입니다. 축복을 심으면 결국 축복이 나옵니다. 여러분이 축복을 주면 축복이 돌아옵니다. 그 사람이 내가 한 축복을 받아 들여도 나에게 축복이 옵니다.

성경에서도 "내가 너희를 축복하는 자를 축복하고, 저주하는 자를 저주하리라"고 하시지 않았습니까? 그래서 우리는 늘 축복하는 삶을 살아야 합니다.

날마다 축복을 심읍시다. 날마다 좋은 말로 내 가족, 내 이웃, 내 동료들에게 축복합시다. 나로부터 좋은 말을 들은 그 사람들이 나로 인해 좋은 느낌을 받았으면 축복을 준 겁니다.

자꾸 축복을 심으면 축복이 자기에게로 돌아옵니다. 왜냐하면 내가 축복을 하면 그 축복하는 사람을 하나님께서도 축복한다고 하셨기 때문입니다.

여러분도 보아스를 축복해준 장로들처럼, 룻을 축복해준 여자들처럼 축복하는 삶을 사시기를 원합니다. 보아스와 룻을 축복하는 남자들처럼, 또 시어머니인 나오미를 축복하는 여자들처럼 늘 여러분 입술에서는 축복이 끊이질 않기를 바랍니다. 그래서 여러분 인생 속에서 계속 축복을 심는 사람이 되시기를 바랍니다. 축복이 습관이 되기를 바랍니다.

15절에는 "이는 네 생명의 회복자이며 네 노년의 봉양자라 곧 너를 사랑하며 일곱 아들보다 귀한 네 며느리가 낳은 자로다"라고 하고 있습니다.

여기 보면 회복, 봉양, 사랑, 귀함, 존귀라는 단어가 나옵니다. 아름다운 인격을 기르면 그 아름다운 인격 속에서 이런 것들이 나온다는 말입니다.

낙심했던 사람이 회복되어서 격려를 받습니다. 말 하지 않아도 얼굴 보고 악수만 해도 회복이 됩니다. 회복이 되고, 격려가 되고, 평화와 기쁨이 됩니다.

이런 인격을 기른 사람은 사람들이 와서 악수라도 하고 싶어 합니다. 그 인격에서 나오는 에너지가 긍정적이고, 귀한 에너지이기 때문입니다. 그 에너지를 받아서 내가 회복되고 싶기 때문입니다. 축복된 사람, 이 인격을 기르는 사람이 나타나면 가는 데마다 모든 것을 회복합니다.

예수님께서는 "너희가 비판을 받지 않으려거든 비판하지 말라"고 하셨습니다. 비판을 하면 되로 주고 말로 받기 때문입니다. 축복을 주는 사람에게는 축복이 돌아오고, 비판을 하는 사람에게는 비판이 돌아오기 때문입니다.

그래서 우리는 늘 축복의 사람이 되어야 합니다. 좋은 말을 하는 사람이 되어야 합니다. 좋은 인품을 통해서 회복이 일어나고 남을 섬기는 모습이 나타나야 합니다. 축복은 다른 사람이 좋은 일을 하게 만듭니다. 내가 다른 사람을 계속 존귀하고 명예스럽게 만들면 그들로 인해 나는 생각하지 않았는데 나도 벌써 명예스러운 사람이 되어 있습니다.

봉양이란, 섬기는 것입니다. 다른 사람을 받들어 주는 것입니다. 이렇게 섬기는 사람, 받들어주는 사람의 주위에는 잘 된 사람들이 많습니다. 남을 세워주는 사람은 다른 사람도 세워줍니다.

세움을 받기 위해서 하는 것이 아니라, 마땅하니까 다른 사람을 세워주고, 봉양하고, 회복시켜주고, 사랑하고 이런 습관들이 여러분과 제게 있기를 바랍니다.

나오미가 이런 축복을 받았습니다.

일곱 아들보다 귀한 며느리 하나

본래 나오미 인생은 쓰디쓴 인생이었습니다. 룻기 1장 20절에 보면 "나를 나오미라 하지 말고 나를 마라라 부르라 이는 전능자가 나를 심히 괴롭게 하셨음이니라"고 합니다. 나오미의 인생에는 고난이 많았고, 괴로움이 많았습니다. 그런데 고난이 많고 괴로움이 많았던 여자가 룻이라는 한 여자와 축복의 사람 보아스 때문에 회복이 된 겁니다.

나오미의 인생에 훌륭한 인격의 사람을 둘 만나서, 이 두 인격이 주변사람들의 삶을 축복해주고 회복시켜주고 존귀하게 만들어준 것입니다, 아름다운 인격이 만나면 모든 회복과 아름다움과 존귀함이 다 나타납니다.

우리 한국 사람들의 삶에, 한국교회에 이 축복이 늘 함께 있기를 바랍니다. 우리가 좋은 나라 되고, 좋은 교회 되고, 좋은 신앙인 되고, 좋은 부모 되고, 좋은 형제자매 되어서 우리 때문에 이 땅에 축복이 나타나길 원합니다.

15절 마지막에 보면 "너를 사랑하며 일곱 아들보다 귀한 네 며느리가 낳은 자로다"라고 나오미가 룻을 축복하고 있습니다. 저는 이 구절을 읽고 많은 도전을 받았습니다.

룻은 사사시대의 사람으로서 모세시대 직후인데 지금부터 3,300년 전 이야기입니다. 그런데 3천년도 전 시대의 사람들이, 며느리를 일곱 아들보다 귀한 자라고 축복하고 있습니다.

우리는 조선시대만 해도 여자는 별로 귀하게 대접하지 않았고 마치 남자의 부속품이라도 되는 듯 대접을 했습니다. 남존여비라는 좋지 않은 가치관과 문화가 있었습니다.

백 년 전 선교사들이 쓴 책을 읽어 보니까 그때의 여자들의 위상이라는 것은 참 비천했습니다. 그런데 여성의 가치를 바꾸어놓은 것이 기독교입니다. 기독교의 가치가 여성의 지위를 바꾸어 놓은 겁니다.

우리나라는 불과 백 년 전에도 여자를 우습게 봤는데 룻기는 무려 3,300년 전 이야기입니다. 그런데 여자의 가치가, 심지어 이방여자의 가치가 일곱 아들보다 더 낫다고 합니다. 파격적입니다.

사실 사사시대도 그렇게 여성을 대접하는 시대는 아니었습니다. 그런데 시대가 아무리 여자를 인정하지 않는 시대라 할지라도, 좋은 인격을 가지면 여자, 심지어 이방여자라도 아들 일곱 명보다 가치가 있다는 것이 성경의 세계관입니다.

좋은 인격을 가진 사람은 한사람 몫만 하면서 사는 것이 아니란 것을 룻기는 이야기해주고 있습니다. 사람은 한 사람인데, 어떤 사람은 두 사람 몫을 하기도 하고, 세 사람 몫을 하기도 합니다. 그런데 룻기에서는 룻이 무려 일곱 남자의 몫을 했다는 것입니다. 탁월한 인격을 그 속에서 사용했을 때 그 사람은 엄청난 가치가 있다는 것입니다.

이것은 비단 여자만 그런 것이 아닙니다. 남자도 마찬가지입니다. 한 사람이 몇 남자의 몫을 할 수 있습니다. 비록 말단 직원이라도 훌륭한 인격을 기르는 사람이 있으면 그 사람은 직원 몇 명보다 더 가치가 있게 일할 수 있습니다.

제가 미국 신학대학에서 가르칠 때 어느 이태리출신 미국사람이 와서 간증을 했습니다. 이 사람은 이태리에서 열여덟 살에 미국으로 이민을 왔는데 영어도 잘 못하고 그랬습니다. 그래서 자신은 영어를 잘 못해서 취업을 하게 되었을 때 사장님을 만나서, 사장님한테 말하기를 "저는 영어는 잘 못하지만 청소는 누구보다 잘 할 수 있습니다. 워싱턴에서 우리 회사 화장실이 어느 회사 화장실보다 가장 깨끗하게 만들겠습니다" 하고 약속을 했답니다. 그래서 화장실 청소로 취직이 되었는데, 정말 이 사람이 약속한 대로 회사 화장실이 어느 회사보다 깨끗하게 청소된 것을 보고 1년 후에는 사장님이 창고 일을 맡겼다고 합니다. 그런데 창고관리도 청소하던 것처럼 최선을 다해 깨끗하게 했다고 합니다. 그랬더니 사장이 감동을 받아서 이 사람을 승진시켜주고 결국은 부사장이 되고, 나중에는 사장이 물러나면서 자기 대신 사장을 시켰다고 합니다. 그래서 이 분이 그 회사 사장이 되어서 간증을 하려고 신학교에 온 겁니다.

이 분도 예수를 믿는 분이었습니다. 설령 룻처럼 이민자였고, 화장실 청소로 시작을 했지만 믿음으로 하나님 앞에서 무슨 일이든 멋지게 해내는 신실한 가치관이 있었습니다. 생활방법과 태도와 이것이 있었기 때문에 결국은 그 회사의 사장이 된 것입니다. 하나님께서 축복을 해 주신 것입니다.

이 분의 이런 성공은 어디에서 왔을까요? 모두가 이 분의 탁월한 성품에서 비롯된 것입니다. 평소의 생활습관, 모든 일을 주님께 하듯 최선을 다하는 이 분의 탁월한 인격이 이런 성공신화를 만들어낸 것입니다. 이 분의 이런 삶의 태도와 인격에 하나님께서 축복하신 것입니다.

성공한 사람의 얘기를 읽어보면 거의 다 그 안에 인품이 있습니다. 질서가 있고, 착함이 있고, 너그러움이 있고, 다른 사람을 섬기는 것이 있습니다. 룻과 보아스와 같은 아름다운 자질들이 그 안에 들어가 있습니다. 그래서 룻처럼 첫 번째 결혼에서는 실패했던 여자지만 마지막 가서는 일곱 아들들보다 더 가치가 있는 존재가 될 수 있는 겁니다.

우리가 어디서 시작하든 상관없습니다. 내 형편이 어떻든 상관없습니다. 중요한 것은 "언제든지 날 구원하신 주님께서 나를 도와주시고 변화시켜 주소서. 내 안에 성령님 보내주신 주님께서 정말 내 안에서 예수님이 드러나는 탁월한 인격이 되게 하여 주옵소서. 칭찬받는 인격이 되게 하여 주옵소서" 기도하는 것입니다. 이런 목표가 있고 기도가 있으면 하나님께서 우리를 계속 축복해 주십니다. 그래서 내면이 아름다워져서 시간이 갈수록 성숙하고 완숙해지고 지혜와 사랑이 생기는 것입니다.

온 일가친척을 예수님께로 인도한 유대인 할머니

제가 어느 날은 유대인의 간증을 들었습니다. 칠순 된 유대인이었는데, 그분의 어머니는 93세였습니다. 두 사람 다 예수 믿고 나중에 이분은 목사가 되었습니다. 그래서 그 어머니가 예수 믿고 나서 "백 명의 친척들이 예수 믿게 해 달라"고 기도를 했다고 합니다. 그런데 하나님께서 그 어머니의 기도를 듣고 응답하셔서 지금까지 친척 유대인 중에 예수 믿는 분이 팔십 명이나 되었다고 합니다.

15년 전에 어머니가 예수를 믿었는데 아버지는 화를 내면서 예수를 믿지 못하게 했다고 합니다. 그래도 어머니는 15년 동안 자기 아이들을 위해서 기도했다고 합니다.

결국 어머니의 기도대로, 어느 날 이 아들이 주님을 만났습니다. 대학 가서 주님이 그 방안에 환상으로 나타나셔서 자기에게 말씀하셨다고 합니다. 그래서 이분은 아무도 없는 데서 예수님을 직접 환상으로 만나고 나서 예수님을 믿게 되었다고 합니다.

이 얘기를 하려고 어머니에게 전화를 하니까 어머니의 말씀이, "너, 예수 믿게 되었지?"라고 하더랍니다. 아들이 놀라서 물으니 어머니께서 "내가 너를 위해서 15년 동안 기도했다. 결국은 네 아버지도 예수를 믿게 되었는데, 지금은 나머지 친척들을 위해서 기도를 한다"고 대답하셨다고 합니다.

이것이 신앙의 인격입니다. 이런 신앙적 인격이 있을 때 하나님께서 응답하시며 축복하십니다. 93세의 할머니가 유대인 집안에서 자기 혼자 믿음을 시작했는데 이분의 신앙 인격으로 일가친척 80명을 구원한 그런 존재가 된 겁니다. 한 사람이 경건하고 훌륭한 인격과 인품을 가졌을 때, 결국 하나님께서 모든 친척들의 삶에 역사하셔서 80명을 구원해 내게 하신 겁니다.

사람들과 대화를 하면서 "자라면서 가장 많이 들은 말이 뭡니까?" 하고 질문을 해 봤습니다. 제일 많이 나온 답이 "공부해라"였습니다. 그 다음은 "절대로 다른 사람에게 해를 끼치며 살지 마라"였다고 합니다.

여러분, 우리 인생의 목표가 겨우 공부와 남에게 해 안 끼치는 것입니까? 이것 저것 조심하고, 다른 사람에게 해 안 끼치려고 노력하는 것은 유교적 배경에 있는 사람들의 사고입니다. 정말 자녀의 미래를 생각하는 부모라면 "너는 만나는 사람들에게 반드시 축복이다"라고 말해주어야 합니다. 그렇게 말해주었다면 그 자녀는 남에게 축복을 주는 삶을 살기 위해 노력하고, 실제로도 그렇게 남에게 축복이 되는 사람이 될 것입니다.

믿는 사람이라면 "너는 만국의 축복의 근원이 되어라" 이렇게 말해주어야 합니다. 그래야 룻과 같이 일곱 아들보다 나은 가치를 발휘하며 살 수 있다는 말입니다. 이것이 우리 예수 믿는 사람들의 삶입니다. 우리는 우리의 자녀들이 내면의 인격이 자라날 수 있도록, 그리하여 모든 사람들에게 축복이 되는 삶을 살도록 우리의 자녀들을 축복해주어야 합니다.

나오미가 룻에게 축복하고, 그리고 마을 사람들이 룻에게 축복한 그 축복은 현실이 되었습니다. 이스라엘의 역사가 되었습니다.

룻기의 맨마지막 구절은 이렇게 기록하고 있습니다.

"오벳은 이새를 낳고 이새는 다윗을 낳았더라."

룻기가 왜 기록되었습니까? 다윗의 조상 얘기를 하려고 한 것입니다. 다윗의 조상이 누구입까? 바로 보아스와 룻입니다. 룻과 보아스의 탁월한 인격이 이스라엘 역사의 일부가 되고, 나아가 성경의 역사가 되었습니다.

이스라엘 최고의 왕이요, 예수님의 조상들 가운데 가장 훌륭한 조상 가운데 한 분인 다윗이 룻과 보아스의 자손입니다. 룻과 보아스의 시작은 미미했습니다. 그러나 그들이 탁월한 인격의 삶을 살고, 그리고 그들이 축복의 삶을 살고, 또한 축복받는 삶을 살면서 그들의 결과는 엄청난 결과를 낳았습니다. 룻과 보아스의 삶은 룻기라는 성경의 66권 가운데 한 권으로 따로 기록되었습니다. 큰 축복이 되었습니다. 세계적인 축복이 되었습니다.

탁월한 인격의 축복

이런 인격이 그 분들만의 것이 아니라 여러분과 제가 그렇게 될 수 있습니다. 어떻게 해야 룻과 보아스처럼 탁월한 인격이 될 수 있을까요? 어떻게 하면 룻과 보아스처럼 축복의 근원이 될 수 있을까요?

첫째는 예수 믿어야 탁월한 인격이 생길 수 있습니다. 예수를 믿기 전까지는 우리 안에 인간성 밖에 없습니다. 구원 받기 전까지는 인간에게는 죄성 밖에 없습니다.

하나님은 우리를 사랑하셔서, 구원하시고, 그저 값없이 영원한 생명을 은혜로 그냥 주셨습니다. 이 사랑을 깨닫고 우리가 받아들이는 것이 구원입니다.

이 영적인 힘이 있어야 성화가 됩니다. 즉 영적으로 변화합니다. 생각과 말이 변하고, 태도와 행동이 변하고, 감정과 습관이 변하고, 인격이 변하고 인생이 변하는 겁니다. 이것은 평생 걸리는 일입니다.

여러분과 제가 구원 받고 계속 성화되어서 하나님을 잘 섬기는 사람, 하나님께 영광이 되는 사람이 되고, 교회에 축복이 되고, 이웃들에게 유익이 되고, 내 가족과 가문에 큰 복의 근원이 되고, 기쁨의 제목이 될 수 있는 이 축복이 바로 탁월한 인격의 축복입니다.

예수를 구주로 모셔서 죄성 밖에 없던 내 속에 하나님의 성품을 받아들이면 하나님의 성품이 점점 꾸준히 성장해서 우리를 변화시킵니다.

저와 여러분의 일생이 예수님을 닮아가는 변화의 연속이길 바랍니다. 탁월한 인격의 영성이길 바랍니다.

그래서 그 결과로 인해서 예수님께서 말씀하신대로 "네 선한 행동을 많은 사람들에게 보여서 너희를 보는 사람들이 하나님께 큰 영광을 돌리게 하라"는 역사가 삶 속에서 이루어지기를 바랍니다.

그렇게 되면 가정이 변하고, 교회와 이웃이 변하고, 나라가 변할 것입니다. 한국 사람들이 한 사람 한 사람씩 탁월한 인격을 추구해 가면, 한국이 세계인에게 존경받고 세계 속의 큰 축복이 될 수 있는 그날이 반드시 오게 될 것입니다.

하나님의 이 축복을 여러분 개인과, 가정, 교회, 직장, 우리 사회, 우리 민족 모두에게 놀라운 모습으로 나타나길 간절히 기원합니다.

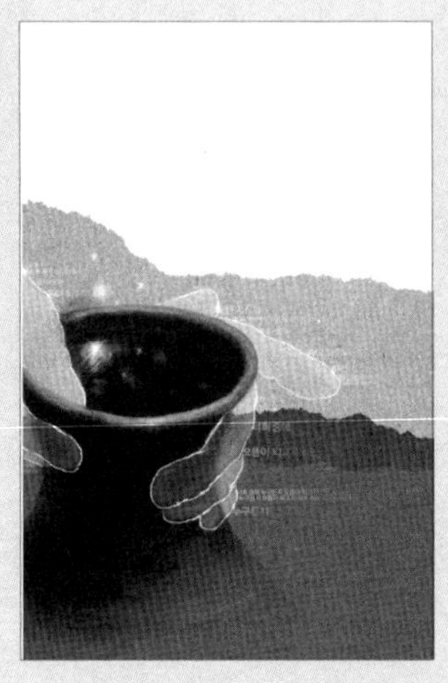

어디서부터 시작해야 할까
요? 가장 먼저 영적인 문제
부터 풀어야 합니다. 우선
하나님과의 관계부터 회복
해야 됩니다. 깨진 관계를
회복시키는 것이 첫 번째 할 일입니다.
이것이 근본적인 문제인데 근본적인 문제가 해결
되지 않으면 나머지 문제들이 잘 해결 되지 않습
니다.

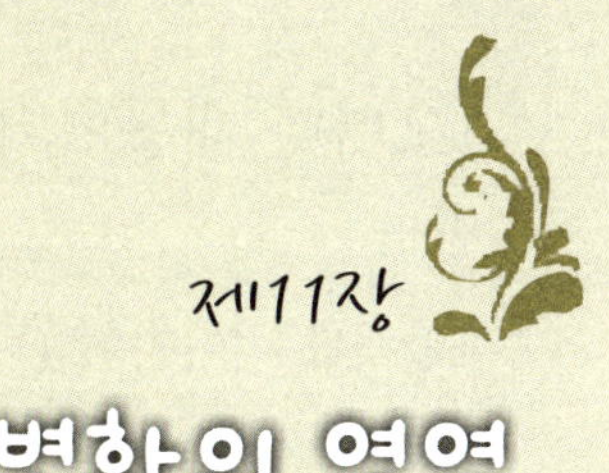

제11장

변화의 영역

　미국의 오바마 대통령이 이집트의 대학에 가서 연설을 하면서 연설 도중에 "제2차대전 이후에 급격한 성장하고 경제가 발전한 나라가 두 나라가 있는데 바로 일본과 한국이다"라고 했습니다. 그러면서 "중동에 있는 여러분도 일본과 한국처럼 될 수 있다"면서 한국과 일본을 모델로 삼았습니다.

　이런 것도 하나님의 축복입니다. 중동국가들은 오바마 대통령이 무슨 말을 하는지 신경을 쓸 수밖에 없는데 그런 오바마 대통령의 입에서 "중동이 발전하려면 한국과 일본을 보라"고 했으니 이런 것이 하나님의 축복일 수밖에 없습니다. 지금 대한민국은 미국의 대통령이 세계를 향해 경제 성장의 모델이라고 칭송을 할만큼 놀라운 하나님의 축복을 받았습니다.

오바마 대통령이 칭찬하는 대한민국

앞서도 이야기했습니다만, 최근에 연구조사를 발표한 것이 있는데, OECD 30개 국가 중고등학생들을 조사했습니다. 그 연구조사에서 학교생활이 만족스러운가에 대해 물었는데, 한국아이들이 제일 만족스러워 했다고 합니다. 한국의 학생들이 70%가 만족스럽다고 응답했습니다

또, 학업성취도에서도 한국이 세계에서 두 번째로 높은 결과가 나왔습니다. 첫 번째가 벨기에인데 121점이고, 한국은 120점이었습니다. 1점차로 벨기에 다음으로 한국이 2등을 했습니다.

지금 한국은 잘 발전하고 있고, 지식과 기술에 있어서 많은 발전을 이루고 있습니다. 또 경제적으로도 세계 10위권의 발전을 이루었습니다. 많은 부분에서 발전하고 있는데 오직 한 가지 발전을 못하는 부분이 바로 인격의 부분이란 것을 지금까지 여러 차례 언급하였습니다.

지식과 기술, 경제… 모든 면에서 우리는 놀라운 발전을 이루었습니다. 그러면 인격에 있어서는 어떻게 해야 발전할 수 있을까? 지금부터 우리가 고민하고, 연구해야 합니다. 어떻게 하면 달라질 수 있을까, 어떻게 하면 세계적으로 존경받는 인격자가 될까 함께 머리를 맞대고 고민하고 기도해야 합니다.

우리나라가 축구를 잘하고, 돈을 많이 벌고, 공부를 잘하는 것만으로 세계에서 존경받는 나라가 될 수 있을까요?.

그 위에 인격을 더해야 합니다. 한국 사람들은 훌륭하고 존경할 수 있다, 한국인의 인격과 자세, 말과 행동을 보면 정말 존경스러운 민족이다… 이런 평가를 받을 수 있어야 합니다.

지금까지 우리가 세계에 텔레비전, 신문, 잡지를 통해서 알려진 것은 주로 데모하고 국회에서 우리끼리 싸우고 이런 모습들입니다. 왜 이런 부정적인 모습들로 우리나라가 세계에 알려져야 합니까? 이 모두가 우리의 인격이 부족한 탓입니다. 기술과 지식은 축척이 되지만 인격은 축적이 안 된 탓입니다.

할아버지가 수십 년 동안 인격을 길러왔어도, 이것은 절대로 손자에게 그냥 축적이 안 됩니다. 손자는 0에서 다시 시작을 해야 됩니다. 세대마다, 시대마다 새롭게 우리의 인격 형성을 위해서 꾸준히 노력해야 합니다. 지식과 기술은 축척이 되지만 인격은 언제나 태어나서 0에서부터 늘 새롭게 출발해야 하기 때문입니다.

그래서 부단한 인격적 성장을 위해서 온 국민이 인격성장 이거 하나만 잘하면 됩니다. 우리의 인격 형성과 인격 성장 이거 하나 잘해야 되는데 먼저 교회부터, 예수 믿는 사람부터 시작해야 합니다.

인격적인 부분에 있어서 우리의 부족한 부분, 인격 부족은 정치에서 제일 잘 나타납니다. 국회에서, 정당에서, 정치 분야에서 우리 대한민국 사람들 인격의 최하가 여기에서 제일 잘 나타납니다. 참 부끄럽고 속상한 일입니다. 그래서 우리가 정치를 위해서도 기도해야 합니다. "주여 우리를 변화 시켜주옵소서. 우리 모든 국민이 새로워지게 하옵소서." 우리 믿는 사람들이 우리 사회와 정치를 위해서 기도해야 합니다.

우리 사회와 정치가 변화하기 위해서, 우리 인격이 변화하기 위해서 어디서부터 출발을 해야 될까요? 구체적으로 어떻게 변화를 해야 하는가 생각을 해봅시다.

사람의 인격이 변화하기 위해서는 먼저, 사람에 대한 성찰이 필요합니다. 사람이란 어떤 존재인지부터 살펴보아야 합니다. 그래서 어디서부터 어디까지 변화되겠는가를 살펴보아야 하는데, 그러려면 우리 출발이 어디인가부터 살펴보는 것이 순서입니다.

인간에게 죄가 들어온 결과

인간의 출발을 살펴보기 위해서는 창세기 3장을 살펴보아야 합니다. 창세기에 보면 인간에게 죄가 없었을 때는 모든 것이 다 괜찮았습니다. 아담과 하와가 에덴동산에 있었을 때는 괜찮습니다.

그런데 인간에게 죄가 들어오더니 문제가 생겼습니다. 창세기 3장에 아담과 하와가 인간이 머리부터 발끝까지 파괴가 되는데 6가지 분야에서 문제가 생겼다고 성경은 기록하고 있습니다.

그래서 죄가 들어와서 인간이 6가지 분야에서 문제가 되었다면 인간성을 회복하기 위해서는 이 6가지를 회복하면 되는 것입니다.

창세기 3장에 보니까 인간이 죄 때문에 제일 먼저 파괴된 부분은 영적인 부분이었습니다. 죄로 인해 영적인 파괴, 영적인 타락이 가장 먼저 시작되었습니다. 죄가 없었을 때는 괜찮았는데 죄가 인간에게 들어오니까 인간의 영성이 파괴되었습니다.

영성이란 하나님과 인간과의 관계입니다. 사람은 하나님께서 창조하셨기 때문에 하나님과의 관계가 원만해야 제대로 인간답게 살 수 있어습니다. 그런데 이것이 죄 때문에 하나님과의 관계가 끊어졌습니다.

그래서 아담과 하와가 하나님의 얼굴을 피해서 숨었습니다. 하나님을 싫어하고 피하는 겁니다. 가능한 하나님으로부터 멀리 도망가고 싶어합니다. 그것이 인간의 영적인 문제입니다.

인간의 첫 번째 문제는 하나님과의 관계가 깨진 것입니다.

이사야서에서 보면 "네 죄가 하나님과 너희 사이를 분열시켰다"고 기록하고 있습니다. 그러니까 하나님을 떠난 지 오래 되어서 하나님 말만 들으면 싫어하고, 적대시하고 있습니다. 무신론이 이 세계를 점령하고 있습니다.

하나님과의 관계가 회복되기 위해서는 이 무신론이 완전히 이 땅에서 사라져야 합니다. 그래야 사람들이 눈을 떠서 하나님을 만날 수 있는 기회가 있습니다.

북한의 우리 동포들은 해방 이래로 오늘까지 하나님의 애기, 예수 그리스도의 사랑을 한번도 못 듣고, 그 많은 동족들이 그대로 다 죽었습니다. 얼마나 억울한 일입니까?

뿐만 아닙니다. 하나님과 인간의 관계가 깨어져서 영적인 파탄 상태가 되니까 구원받은 사람도 성경을 읽고 해석을 잘 못합니다. 그래서 이 영적인 문제가 회복이 되어야 합니다. 여기서부터 출발을 해야 됩니다.

영적인 문제가 뭡니까? 영원한 하나님의 영적인 생명이 인간 안에 없다는 것입니다. 하나님과의 영적인 관계가 깨어지니까 인간이 태어나면 죄성만 가지고 태어납니다. 죄성만 갖고 신을 아무리 찾아봐야, 죄성을 가진 사람이 만들어놓은 신은 우상숭배밖에 안 되는 겁니다. 그래서 모든 것에 앞서서 가장 먼저 영적인 문제가 해결이 되어서 하나님과 우리의 관계가 회복되어야 합니다.

둘째는 이성적인 파탄입니다.

제대로 생각을 못하니까 하나님의 세계를 보고도 하나님의 세계인 줄을 알지 못합니다. 또 하나님이 이 세상 만물을 만드신 것을 제대로 알지 못하고 잘못 생각을 하니까 죄성에 의해서 생각을 하게 됩니다. 이렇게 자기중심적으로 생각을 하니까 모든 것이 다 빗나가는 겁니다. 불행을 일으키는 겁니다.

하나님의 뜻대로 생각을 해야 되는데 생각이, 이성이 잘못되어 있습니다. 하나님께서 아담에게 "너희가 왜 숨느냐?" 물으시니까 "우리가 벌거벗어서 부끄러워서 숨었습니다"라고 대답합니다. 벗은 게 잘못되었으면 하나님께서 옷을 입혀서 창조하셨지 벗은 채 창조하셨겠습니까?

하나님께서는 완전한 창조를 하셨습니다. 사실은 우리의 몸은 아무 문제가 없습니다. 벗은 몸을 숨겨야 하고 부끄럽다는 생각을 한 것이 문제지, 부끄러움이 없었는데 죄가 들어오니까 하나님과 떨어져 나가면서 벌거벗은 것을 문제 삼고 잘못되었다고 잘못 생각하게 되는 것입니다. 인간의 이성이 파탄난 것입니다.

창조된 모든 것들은 부끄러워하지 않습니다. 사람만이 죄성이 우리를 파괴해서 사고방식을 삐뚤하게 보는 겁니다.

그래서 사도 바울은 로마서 12장에서 "너희가 마음을 새롭게 하여 변화를 받아라"고 했습니다. 여기서 '마음'은 사고방식인데, 생각이 잘못되면 하나님의 생각과 말씀과 뜻을 분별을 못하게 되는 것입니다.

그래서 우리의 인격이 회복되기 위해서는 첫 번째 영적인 회복이 되어야 하고, 둘째는 지적인 회복이 되어야 합니다. 사고방식이 전부 변해서, 선하고 아름답고 완전한 하나님의 뜻들을 생각할줄 아는 머리가 바뀌어야 합니다. 지적인 훈련이 필요합니다.

세 번째는 정서적인 문제가 생겼습니다.

심리적인 문제가 생긴 것입니다. 인간에게 죄가 들어온 이후, 정서가 불안하고 정서의 균형이 깨졌습니다. 그래서 화내고, 웃고, 울고, 초조하고, 긴장하고, 두려워하고, 정서가 불안정하고, 초조하고, 분노합니다. 우리의 정서가 파괴된 것입니다.

그래서 우리가 정서의 세계를 새롭게 바꿔서 평화를 누리게 해야 합니다. 안정감을 갖게 해야 됩니다.

이런 변화가 없이는 인격적인 변화가 없습니다. 영적인 변화, 지적인 변화, 정서적인 변화가 있어야 합니다.

하나님께서 "너희가 왜 숨느냐?" 물으시니 아담과 하와가 대답하기를 "하나님이 무서워서, 두려워서 숨었다"고 대답합니다. 그 전에는 안 그랬는데 죄성이 들어와서 두려움이 생긴 것입니다. 정서적인 불안이 생긴 것입니다. 정서가 파괴되면 두려움과 분노, 이 두 가지가 가장 먼저 문제가 됩니다. 두려움과 분노는 인간의 정서가 파괴된 후 나타나는 가장 큰 심리적 정서적인 문제입니다. 그래서 두려움과 분노를 해결하면 사람의 인격도 좋아집니다.

네번째는 사회적인 문제가 생겼습니다.

사회적인 문제는 관계의 문제입니다. 대인 관계에 문제가 생겼습니다. 하나님과의 관계, 남편과 아내와의 관계, 나와 이웃과의 관계, 사회와의 관계 모두에 문제가 생겼습니다.

그래서 이제는 대인관계에서 서로를 용납하고 사랑하면서 살아야 하는데 이제는 훈련이 필요합니다.

아담과 하와도 죄성이 들어오면서 하나님과의 관계가 깨졌습니다. 창세기 4장에서는 가인이 자기 동생 아벨을 죽입니다. 사회성이 깨지고 분노가 생기니까 자기 동생을 죽이고 이런 일들이 벌어지는 것입니다. 자기 이웃을 해치고, 자기 이익만 생각하는 자기중심적인 이런 이기심이 인간 문제의 바탕에 깔려 있습니다. 그래서 이런 것들이 변하지 않고 이런 것들을 바꾸지 않고 좋은 인격을 만들 수는 없습니다.

우리나라가 제일 약한 부분이 사회적인 관계, 대인 관계가 너무 나쁘다는 것입니다. 그 이유가 대인과의 관계를 배우지 못하고, 훈련하지 못해서 이 부분이 부족하기 때문입니다.

다섯 번째는 육체적인 문제입니다. 육체적 파탄이 생겼습니다.

하나님께서 말씀하시기를 "내가 먹지 말라는 것을 너희가 먹었기 때문에 이제 너희는 흙으로 돌아갈 것이다"고 하십니다. 인간이 죄를 지었기 때문에 그 죄가 인간의 육신에 독으로 들어가서 이제는 죽음을 맞이하게 된 것입니다.

옛날 희랍시대, 기원전 3세기경에 소크라테스가 왕이 사약을 하사해서 감옥에서 독을 마시고 강의를 한 『플라톤의 대화』라는 책이 있습니다. 소크라테스가 처음은 걸어서 강의를 하다가 독이 점점 퍼지자 누워서까지 강의를 한 것을 기록한 책입니다. 독이란 것은 처음에는 아무렇지도 않은 것 같지만, 죄라는 독이 들어가면 시간이 지남에 따라 점차적으로 몸이 흔들리기 시작합니다.

아담과 하와가 죄를 지은 후, 우리 모든 인간에게도 죄라는 독이 들어와서 서서히 독이 퍼지면서 죽어가기 시작합니다. 그 시작은 대개 25세인데 그때부터 몸이 깨지기 시작하면서 노쇠하고 그 과정에서 병들어가고, 마지막에 가서는 죽음을 맞게 됩니다.

사실 우리는 죽도록 창조된 존재가 아닙니다. 죄가 들어오지 않았으면 영원히 사는 존재였을 것입니다. 지금처럼 7,80세 또는 오래 살아야 100세 정도 살고 죽도록 창조된 존재가 아니었습니다. 처음에 인간은 완전한 존재로 창조되었습니다. 그러나 인간에게 죄가 들어와 죽음을 맞이하게 된 뒤로 인간은 누구나 태어나면 죽게 되었는데, 그래도 무드셀라는 무려 989세까지 살았습니다. 이것만 보아도 인간이 죄를 짓기 전에는 죽지 않는 존재였었다는 것을 알 수 있습니다. 죄가 들어와 죽음을 맞이하게 된 이후에도 아담과 하와의 자손들은 오랜 수명을 살았습니다. 그러다가 점점 수명이 짧아져 지금처럼 된 것입니다.

죄가 인간에게 들어오면서 육체적인 파괴가 생겼습니다. 그러나 이것도 믿음 안에서, 신앙 안에서 모든 것이 회복되면, 건강도 회복이 되고 장수한 결과로 나타날 수 있습니다.

우리들이 인격적으로 잘 개발되어서 생각하는 것이나, 말하는 것이나, 우리의 느끼는 것이나 우리의 행동이나, 우리의 가족과 직장 관계가 회복되면 행복한 인생을 살 수 있습니다. 또 건강을 유지하는 것이 회복되고, 통합적 개발의 인간이 되어 가면 아름답고 가치 있고 행복한 인생을 살 수 있다는 것입니다. 그러나 그렇게 되기 위해선 변화와 성장이 있어야 됩니다. 육체적인 문제가 우리에게 있기 때문에 가만히 두면 파괴가 되는 겁니다.

죄가 들어온 이후 모든 것은 부패하고 파괴되게 되어 있습니다. 죄가 들어오고 나서 우주가 그렇게 되었습니다. 물리학 시간에 배운 열역학 제2의 법칙인 엔트로피의 법칙이 적용되는 것입니다. 모든 것은 스스로 파괴됩니다. 모든 것은 파괴가 되는데 파괴되지 않으려면 새로운 에너지가 들어가야 합니다. 이렇게 새로운 에너지를 잘 넣어줘야 발전하는 것입니다.

죄가 들어온 이후 인간은 많은 영역에서 파괴되었습니다. 많은 부분에서 문제가 생겼습니다. 첫째 영적인 문제, 둘째 이성적 문제, 셋째 정서적 문제, 넷째 사회적 대인관계의 문제, 다섯째는 육체적, 물리적 문제가 생겼습니다. 죄가 없을 때는 아무 문제가 없었는데 죄가 들어와서 우리를 철저하게 파괴시켰습니다.

그래서 하나님께서 "네가 흙에서 왔으니 결국은 한줌의 흙으로 돌아가리라"고 하신 겁니다. 비록 우리가 죄로 인해 관계들이 파괴되고 언젠가는 흙으로 돌아갈 운명이지만, 그래도 감사한 것은 예수를 믿는 우리는 흙으로 들어가는 그 순간이 영원한 나라로 들어가는 문이라는 것입니다. 그래서 우리에게는 아직 소망이 있습니다.

마지막 여섯 번째는 환경의 문제입니다. 죄는 환경마저 파괴합니다.

창세기 3장에 보면 "땅이 네게 가시와 엉겅퀴를 낼 것이라"고 합니다. 장미가 얼마나 아름답습니까? 저도 장미를 좋아하는데 만지려면 가시에 찔립니다. 본래 장미에는 가시가 없었는데 죄가 들어온 후 인간과 모든 환경의 DNA가 변하면서 가시가 생기고 환경이 파괴된 것입니다. 그래서 파괴된 환경에서는 인간은 수고를 하여야만 먹을 것을 구할 수 있게 되었습니다. 인간의 죄로 인해 환경이 파괴된 결과입니다.

죄가 들어오기 전 인간과 환경은 하나였습니다. 죄가 우리와 환경과의 관계를 분리시키고 파괴했습니다. 그래서 우리 예수 믿는 사람들부터 먼저 우리와 환경과의 관계를 회복해야 합니다. 더 이상의 환경 파괴를 막아야 합니다. 환경과 우리가 하나인 관계를 회복해야 합니다.

예전에 로잔대회에서 새벽기도회를 인도를 하려는데 새 한마리가 대회장을 돌아다녔습니다.

그래서 제가 "새와 우리는 형제이니까 신경 쓰지 말라"고 했습니다. 새를 만드시고 우리를 만드신 하나님은 같은 하나님이십니다. 하나님의 사람들은 하나님이 만드신 환경을 사랑해야 합니다. 죄가 우리와 환경을 갈라놓기 이전으로 돌아가고, 환경을 보호하려는 노력을 꾸준히 해야 합니다.

우리의 인격이 완전하게 회복되기 위해서는 죄로 인해 파괴된 여섯 가지 분야의 문제들이 회복되어야 합니다. 우리가 회복되어야 될 것은 환경, 지성, 영성, 정서, 관계도 회복해야 하고, 그 중에 가장 먼저 하나님과의 관계를 회복해야 합니다. 하나님과의 관계가 회복되어야, 이웃과의 관계, 원수와의 관계, 가족과의 관계도 잘 다스리는 성숙한 인격자가 되는 것입니다.

이런 여섯 가지 큰 인간의 문제들 때문에 관계가 깨어졌습니다. 그 결과로 하나님을 미워하고, 우상을 섬기고, 생각이 잘못되니까 우리가 얼마나 괴롭고 힘이 듭니까? 생각을 잘해야 생명이 나타납니다. 생각을 잘못하면 죽음이 나타납니다.

파괴된 관계 회복은 영적인 생명부터 시작해야

어디서부터 시작해야 할까요? 가장 먼저 영적인 문제부터 풀어야 합니다. 우선 하나님과의 관계부터 회복해야 됩니다. 깨진 관계를 회복시키는 것이 첫 번째 할 일입니다.

이것이 근본적인 문제인데 근본적인 문제가 해결되지 않으면 나머지 문제들이 잘 해결 되지 않습니다.

그러면 근본적인 문제, 영적인 회복이란 무엇입니까? 그것은 한 번 더 태어나는 것입니다.

우리는 누구나 어머니, 아버지로부터 한번 태어났습니다. 모든 생명은 하나님께서 거저 주시는 겁니다. 우리가 대가를 드릴 수도 없습니다.

그런데 우리가 육신을 입고 한번 태어났는데 그것만 가지고 대어나니까 여섯 가지 문제가 나타나는 겁니다. 그래서 관계를 깨뜨리고 문제를 자꾸 일으키는 겁니다.

깨어진 관계들을 회복하기 위해서는 영적인 생명부터 회복해야 합니다.

보통 태어난 사람들은 지ㆍ정ㆍ의가 있습니다. 지를 가지고 학교 다니고, 정을 가지고 음악과 미술도 하고, 의를 가지고 자기가 하고 싶은 자기의지를 발동합니다. 누구나 그런 식으로 살고 있습니다.

그런데 하나가 모자랍니다. 영이 죽어 있습니다. 우리의 죄 때문에 영이 죽어 있습니다. 그래서 관계를 회복하기 위해선 영적인 생명부터 회복해야 하는 것입니다.

에베소서 2장 8절에 말씀하시기를 "너희가 죄와 허물로 죽었던 너희를 살리셨도다"고 기록하고 있습니다. 죽었던 사람을 살리셨다는 겁니다. 육신의 생명만 가지고 있던 우리는 이번에는 영적인 생명을 받아야 됩니다. 육신은 부모로부터 받고 영적인 생명, 영원한 하늘나라의 생명은 하나님 아버지로부터 받는 것입니다.

육신의 생명 하나만으로는 완전한 회복이 안 됩니다. 여기에 하나님의 생명을 받을 때, 육신의 생명과 영원한 영적인 생명, 두 개의 생명이 생깁니다.

그래서 베드로는 "하나님의 성품에 참여한 자가 되었다"는 표현을 했습니다. 우리가 인간의 성품만 가지고 있었는데 하나님 쪽에서 우리에게 영원한 영적인 생명을 예수님을 통해서 모든 인간에게 거저 주셨습니다. 그 생명을 감사하면서 받아들이면 내 안에 영적인 하나님의 생명, 하나님의 성품이 내 안에 생깁니다

그런데 안 믿는 사람, 즉 자연인은 하나님의 영적인 것들을 받아들이지 않습니다.

고린도전서 2장14절에서 "육에 속한 사람은 하나님의 영의 일을 받아들이지 아니하나니"라고 기록하고 있습니다. 안 믿는 사람은 영적인 생명이 없어서 하나님 말씀을 보고, 들어도 모릅니다.

사도 바울도 그렇게 말했습니다. 영적인 것은 영적인 것으로 분별된다고 했습니다. 자연인은 하나님의 것을 이해할 수 있는 능력이 없다고 평을 했습니다. 한번 태어난 사람은 자기가 가지고 있는 지·정·의 밖에 없기 때문입니다.

그것 속에 하나님의 영원한 생명이 들어와야 됩니다. 우리 육신의 생명인 어머니, 아버지가 거저 주신 것처럼, 이 영원한 생명도 하나님께서 모든 죄인들에게 죄성을 가진 인간들에게 거저 주시는 선물입니다. 우리의 노력으로 되는 것도 아니고, 착해서 되는 것도 아니고, 헌금을 많이 해서 주시는 것도 아니고, 생명은 언제나 거저 주시는 겁니다. 육신의 생명과 마찬가지로, 하나님의 영적인 생명도 하나님 아버지께서 모든 사람에게 다 거저 주시는 겁니다. 어떤 인간이든지 영원한 생명을 거저 받을 수가 있습니다.

그것이 은혜요, 그것이 선물입니다. 믿음으로 받아들이면 됩니다. '믿

음'이라는 단어가 '받아 들인다'는 뜻입니다. 믿는 자는 곧 영접하는 자가 되는 것입니다.

인간이면 누구든지 다 하나님께서 영원한 생명을 주십니다. 사람은 죄성 때문에 혼자서 하나님 앞에서 갈 수 없는 것을 아시고 하나님 쪽에서 아들 예수를 보내시고 그 죽음으로 인간의 모든 죄를 십자가 앞에서 다 덮으셨습니다. 십자가 위에서 완전히 덮어 버렸습니다. 죄를 덮어주시고, 용서하시고 영적인 생명을 거저 얻도록 주셨습니다. 이것이 좋은 소식, 바로 복음입니다.

하나님이 사람을 사랑하셔서 영생의 선물을 주시고 죄의 문제를 해결해 주셨습니다. 하나님이 주시는 영적인 선물을 받으면 우리는 그 전에는 죄성만 가지고 있다가 이제 영적으로 다시 태어나게 됩니다. 영적인 생명이 생기면 우리 속에 변화가 시작이 됩니다. 영적인 생명 없이는 변화가 될 수 없습니다.

하나님께서는 하나님의 아들답게 변할 수 있는 신앙의 선물, 영생의 선물, 죄 사함, 예수 그리스도, 천국의 시민권 모두를 우리에게 주십니다. 이 모든 풍성한 선물을 값없이 받아 누리시기를 바랍니다.

영원한 변화의 출발이 오늘부터 일어나길 바랍니다.

영적 생명이 성장하는 것을 성화(sanctification)라 합니다. 성화는 시간과 노력이 필요합니다. 어린아이가 자라는 것과 마찬가지로 성화는 평생이 걸립니다. 육신과 마찬가지로 영적으로도 똑같이 계속적으로 성장이 이어져야 됩니다.

변화의 세 가지 방향—성화

인간의 근본 문제가 무엇입니까? 그것은 영적인 문제입니다. 영적인 문제가 가장 근본적인 문제고, 근본이 깨지니까 인간의 이성에 문제가 생기고, 정서적인 문제, 대인 관계의 문제가 생겼습니다. 인간관계를 제대로 하지 못하고 평화를 만들어 내지 못하는 인간의 큰 문제들이 생겼습니다. 그러므로 영적, 육체적, 환경적 문제들을 회복시켜야 우리들이 건강하게, 행복하게, 보람 있게 생산적으로 살 수 있습니다.

그러면 우리 인간이 당면한 문제들을 어떻게 해야 해결할 수 있을지 살펴보겠습니다.

영적인 문제부터 가장 먼저 해결해야 한다

첫 번째 해결해야 할 문제는 영적인 문제입니다.

인간이 태어나서 죄성만 가지고 그것을 근거로 해결이 안 되니까 하나님께서 하나님의 성품, 영적 생명을 주셔야 하는데, 사람이 스스로 만들어 낼 도리가 없고, 우상밖에 못 만들어 내니까 하나님께서 거저 값없이 주셨습니다. 그 영적 생명은 십자가를 통해서 예수님을 영접하면 예수 그리스도 안에 있는 영원한 생명을 받아들이면서 생겨납니다. 예수 그리스도를 영접함으로 비로소 우리 안에는 두 개의 생명이 살게 됩니다. 육적인 생명 위에 영적인 생명, 두 번째 생명이 생기는 것을 보고 '다시 태어난다', '거듭난다'(born again) 고 예수님께서 말씀하신 것입니다.

니고데모가 예수님을 찾아오자 예수님께서는 니고데모를 보고 '네가 다시 태어나지 않으면 하나님 나라를 볼 수 없다'고 말씀하셨습니다.

요한복음 3장 3절에 "진실로 진실로 네게 이르노니 사람이 거듭나지 아니하면 하나님 나라를 볼 수 없느니라." 한 번 더 태어나지 않으면 하나님의 나라를 볼 수 있는 능력이 없다는 것입니다.

영적인 세계를 보고, 태어나려면, 이해하려면 하나님이 주시는 생명을 받아들일 때 그 순간 우리 속에 영적인 영원한 하늘의 생명이 생기는 겁니다.

죄성은 죽음입니다. 그러나 하나님이 주신 생명은 영원한 생명입니다. 이 생명이 생기면 우리가 변화가 될 준비가 되는 겁니다. 생명이 생겼으니까 반드시 성장합니다.

그러나 니고데모는 다시 태어나야 한다니까 아직 육적인 생명으로 생각합니다. 그래서 다시 예수님께서 말씀하시길, "물과 성령으로 태어나지 않으면 하나님의 나라에 들어갈 수 없다"고 하십니다.

여기서 물과 생명은 무엇인가요? 학자들 간에 해석이 많습니다. 하지만 물은 육신으로 태어나는 것이고, 생명은 성령으로 태어나는 것이다라고 해석하는 것이 일반적입니다.

"물과 성령으로 태어나지 않으면" 이것은 절대적인 필수조건이라는 겁니다. 예수님께서 니고데모에게 이천년 전에 하신 말씀입니다.

사람이 성장하고 변화하려면, 하나님의 마음에 들려면 반드시 영적인 생명으로 출발해야 된다는 것입니다. 그것 없이는 참된 인격이 형성되지 않는다는 겁니다. 하나님의 생명, 영적인 생명이 있어야 그 생명이 자라나서 참된 인격이 된다는 겁니다.

육으로 난 것은 육이고, 그 안에는 영원한 영적인 생명이 없습니다. 영으로 난 것은 영입니다. 사람은 두개의 세계가 있다는 겁니다.

사람은 육으로 출발하지만 하나님이 주신 생명을 내 것으로 받아들이고 예수그리스도를 구주로 모시면서 입으로 나의 구주라고 고백하면, 그 순간 하나님께서 우리의 영혼 속에 영원한 생명을 넣어 주십니다. 하나님의 생명을 넣어 주시는 것입니다.

예수님께서 우리의 마음의 문 밖에서 문을 두드리는데 그 음성을 듣고 마음 문을 열면, 예수님께서 내게 들어오시면 그 안에 있는 영적인 영원한 생명이 있어서 그 순간부터 우리는 영원히 사는 존재, 하나님과 같이 사는 존재가 되는 겁니다.

그래서 내게 영적인 생명이 생깁니다. 사망에서 영원한 생명을 얻습니다. 여기서부터 거듭나고, 새로 태어나는 것입니다.

이것이 두 번째 태어난 것입니다. 거듭남이야말로 영적 생명의 출발입니다.

지금까지 말하고 생각하고 생활하는 것이 죄성의 근거에서 해왔는데 이제는 하나님의 성품이, 하나님의 생명이 내 안에 와서 성장하는 겁니다. 만세 전부터 우리는 선택받은 사람들입니다.

생명이 잉태되면 처음에는 단세포 안에 모든 것이 다 들어가 있는데 그냥 있으면 안 되고 세포분열을 해서 성장을 해야 됩니다. 즉 생명은 성장을 해야 된다는 겁니다.

육신의 생명이 성장해야 되는 것처럼 영적인 생명도 성장을 해야 됩니다. 육신으로 태어나는 것은 쉽습니다. 30년 동안 잘 키워놓으면 훌륭한 인물이 되어서 모든 곳에 축복이 됩니다. 하지만 제대로 성장하지 못하고 말썽부리면 사회와 격리를 시켜야 됩니다.

영혼도 마찬가지입니다. 영적인 생명이 생기면 성장을 해야 됩니다. 예수 믿는다고 성장하는 것이 아니라 아기가 자라듯 육신의 생명이 자라듯이 과정을 거쳐야 됩니다. 영도 예수님이 주신 생명을 받고 성장하도록 잘 도와줘야 변하고 성장하고 성숙해서 복된 사람이 되는 겁니다.

다시 태어나는 것을 예수 믿는 사람은 구원받았다고 합니다, 구원은 하나님이 거저 주신 것이라 부모가 생명을 거저 주는 것처럼 감사히 받으면 됩니다. 그러나 구원받은 것만으로 충분하지는 않습니다.

성장해야 합니다. 성장하는 것은 거저 받는 것이 아닙니다. 영적인 생명도 마찬가지입니다.

영적 생명이 성장하는 것을 성화(sanctification)라 합니다. 성화는 시간과 노력이 필요합니다. 어린아이가 자라는 것과 마찬가지로 성화는 평생이 걸립니다. 육신과 마찬가지로 영적으로도 똑같이 계속적으로 성장이 이어져야 됩니다.

사람에게 육체적 성장은 점진적입니다. 영적인 성장도 점진적인 성화

가 돼야 합니다. 육체는 계속성장해 가는데 영적으로 계속적 점진적 성
장을 안하면 큰일입니다. 육체와 영적 생명 모두 계속 성장하는 것이 마
땅합니다.

제가 미국에서 목회할 때 어떤 아기가 태어났는데 성장을 멈추었습
니다. 태어난 후에 단계적으로 자라야 하는데 그 아이는 움직이지도 않
고 성장을 멈추었습니다. 결국 10년 동안 누워만 있다가 10세 때 죽었
습니다. 그 아이가 안타까운 죽음을 맞이한 이유는 성장을 멈추었기 때
문입니다.

영적으로 태어났으면 영적으로 성장을 하는 것이 마땅합니다. 죄성으
로부터 변화시켜 달라고 기도를 해야 합니다. 우리가 영적인 생명을 받
으면 우리는 성장의 목표들을 세워야 합니다. 우리가 신앙생활을 훈련하
면 우리의 영적 생명도 점점 성장을 합니다.

말씀은 일용할 양식이다

영적으로 성장하기 위해서는, 첫째가 잘 먹어야 합니다.

베드로 사도는 "너희가 갓난 아기들 같이 순전하고 신령한 젖을 사모
하라"고 했습니다. 이로 말미암아 그리스도 안에서 성장해야 한다고 말
했습니다. 성장하려면 신령한 젖, 깨끗한 젖을 먹어야 한다고 말하고 있
습니다.

그러기 위해서 우리는 매일같이 하나님의 말씀을 먹어야 됩니다. 하나
님의 말씀이 우리의 영혼이 성장하는 양식입니다.

예수님께서도 "사람이 떡으로만 살 것이 아니라, 오직 하나님의 말씀

으로 살 것이니"라고 말씀하셨습니다. 사람의 영적 성장은 하나님의 말씀을 먹어야 성장한다는 뜻입니다.

하나님의 말씀을 매일같이 조금씩 먹어야 됩니다.

그런데 예수님을 믿고 나서도 일주일에 한번만 먹는 사람이 있습니다. 목사님은 최고의 음식을 만들어서 주일날 영의 양식을 섭취하게 합니다. 그런데 어떤 사람은 그 한 끼만 먹고 일주일을 버티는 겁니다.

우리가 제대로 건강하게 에너지를 가지고 살려면 매일 조금씩 먹어야 합니다. 매일 성경을 조금씩 읽고 매일 기도하고 하나님을 만나서 나를 영적으로 먹어야 됩니다.

목사님만 쳐다보고 있으면 안 됩니다. 죽지는 않지만 주일 하루 가지고는 안 됩니다.

매일 새벽기도는 못 가더라도 매일 집에서라도 QT를 통해서 날마다 하나님의 말씀을 조금씩 먹어야 건강하게 성장할 수 있는 겁니다. 늘 하나님의 말씀을 먹여야 합니다.

매일 집에서 먹는 사람은 목사님이 안 먹여줘도 건강하고, 에너지가 있어서 나를 돌볼 수 있습니다. 그래서 건강하게 성장할 수 있습니다.

일주일에 한번 먹는 사람은 건강하지 못해서 짜증내고 불행해 합니다.

우리는 날마다 음식을 정상적으로 먹습니다. 그래야 살 수 있고 그래야 성장할 수 있기 때문입니다. 그런데 주일예배 가서 일주일에 한 번 목사님이 준비한 영적 음식만 먹는 사람은 만약 목사님이 그 영적인 밥을 태워먹기라도 하는 날에는 두 주를 굶는 것이나 마찬가지입니다. 그런데 자기 스스로 하나님의 말씀을 잘 먹는 사람은 목사님이 태워 먹어도 상관없습니다. 하나님의 말씀을 자기 스스로 읽고, 묵상하는 사람은 성숙하게 되고 성장의 기초가 된 사람들입니다.

그래서 어려서부터 부모가 자식들에게 계속해서 성경 읽고 기도하는 것을 가르쳐 주어야 합니다. 그렇게 매일 말씀을 먹으면 부모님이 안 계셔도 말씀이 나를 먹이고 하나님이 키워주시니까 똑바로 커서 일생을 복되게 살 수 있습니다.

늘 하나님의 말씀으로 자기 자신을 먹이는 훈련, 너무 중요합니다. 사람은 자꾸 훈련을 받고 매일 하나님의 말씀을 먹어야 영적인 성장을 하는 겁니다.

기도는 일상의 호흡이다

매일 하나님의 말씀을 먹고나면 그 다음은 기도를 해야 합니다. 기도는 숨쉬는 것과 같습니다. 숨은 매일 매순간 숨쉬어야 합니다. 기도는 호흡입니다. 기도는 하나님과 사귀는 시간입니다.

아이가 부모님과 사귐이 없으면 문제가 됩니다. 매일 부모와 꾸준히 대화를 하는 아이는 정상적으로 자라납니다. 그래서 영적으로도 성숙한 사람이 되려면 하나님과 대화가 잘 되어야 합니다. 대화 기술은 하나님께 배우는 것입니다.

하나님과 기도로 대화하는 첫째는 사랑의 고백, 찬양입니다.

하나님을 찬양하는 것이 대화의 시작입니다. 보아스가 모든 사람들과의 만남에 항상 축복을 먼저 했던 것처럼, 하나님과 만날 때도 하나님에 대한 사랑 고백인 찬양을 먼저 하는 겁니다.

두 번째는 감사하는 겁니다.

하나님이 나에게 많은 은혜를 베풀어 주신 것에 대한 감사를 드릴 때 기뻐하시고 더 주고 싶어 하십니다. 그래서 뭐든지 은혜 가운데, 기도 가운데 감사를 자꾸 표현해야 합니다.

세 번째는 죄의 고백입니다.

우리의 죄성을 자꾸 고백하면 손발 씻는 것 같습니다. 그것이 회개입니다. 우리가 회개하고 고백하면 하나님은 우리가 부족한 것을 아시고 죄가 있음에도 불구하고 하나님께서는 우리를 사랑하십니다. 하나님은 우리의 죄성 때문에 우리가 부족한 인간인 것을 너무나 잘 아십니다.

그래서 예수를 믿으면 하나님께서 내 속에 성령님이 임하게 하십니다. 그래서 내 양심 속의 잘잘못을 지적해주셔서 잘못한 것은 회개하고 잘한 것은 감사하고 이러면서 우리 죄성을 꾸준히 깨끗하게 하십니다.

꾸준히 죄를 고백하고 용서받고, 감사하면 점점 죄성이 깨끗해져서 죄를 잘 범하지 않습니다. 말씀으로, 기도로, 하나님 찬양함으로, 죄를 고백해서 죄성이 깨끗해져서 예전처럼 죄를 범하지 않습니다.

정상적으로 거룩한 삶을 꾸준히 사는 것입니다.

이미 회개한 것은 다시 회개할 필요가 없습니다. 한번 회개한 것은 끝난 겁니다. 하나님이 용서하고 덮으셨습니다. 그래서 우리의 속사람이 점점 변하는 겁니다. 기도 속에서 찬양하고, 감사하고, 회개하고, 죄사함 받고 또 기도 속에서 우리의 필요를 하나님께 애기하는 것이 신앙생활입니다. 성화의 과정입니다.

사실 우리 인간이 작은 존재입니다. 능력이 제한되어 있습니다. 인생이란 게 우리가 원하는 대로 되지 않으니까 인간의 한계를 넘어서는 것들은 하나님의 도움을 받아야 합니다. 우주 전체를 보더라도 인간은 작은 존재인데 인생을 살아가면서 우리의 능력의 한계를 넘어서는 것들이 얼마나 많습니까? 내 능력에 넘어서는 것들을 모두 하나님께 이야기하십시오. 기도하십시오,

모든 것을 맡겨서 하나님이 처리해 주시도록 경험을 해 보세요. 마음에 내가 감당할 수 없는 것들은 하나님께 간구하세요. 하나님께서 돌보십니다.

그리고 네 번째로, 중보기도를 해야 합니다.

기도를 할 때는 하나님을 찬양하고, 죄를 고백하고, 우리에게 필요한 것을 하나님께 구할 뿐만 아니라 남을 위해서도 기도해야 합니다. 그것이 중보기도입니다.

중보기도를 꾸준히 하면, 하나님께서 모든 기도를 들으시고 우리의 마음이 편안해집니다. 나의 기도 뿐만 아니라 남을 위한 기도제목도 하나님이 듣고 응답하시는 기도응답을 체험하게 됩니다.

이런 것들을 하면 우리가 계속 성장하고 변화가 나타납니다.

우리가 구원받아서 하나님이 거저 주시는 영원한 생명, 하나님의 생명 예수 그리스도를 나의 구주로 마음속에 받아들일 때 성령이 임하십니다.

그때부터 말씀과 찬양과 기도와 중보기도를 통해서 신앙생활을 훈련하십시오. 우리가 영적 훈련을 위해 꾸준히 하루하루 말씀을 먹고, 기도하며, 하나님과 대화를 나누고, 하나님이 우리의 삶 속에 함께하시는 삶을 체험하면 우리의 영적 생명은 성장합니다. 우리의 영적 인격이 성숙합니다.

이렇게 늘 하나님과 동행하며 영적인 인격이 정상적으로 멋있게 단계
적으로 성장하는 축복이 여러분과 저에게 함께하시길 기도합니다.

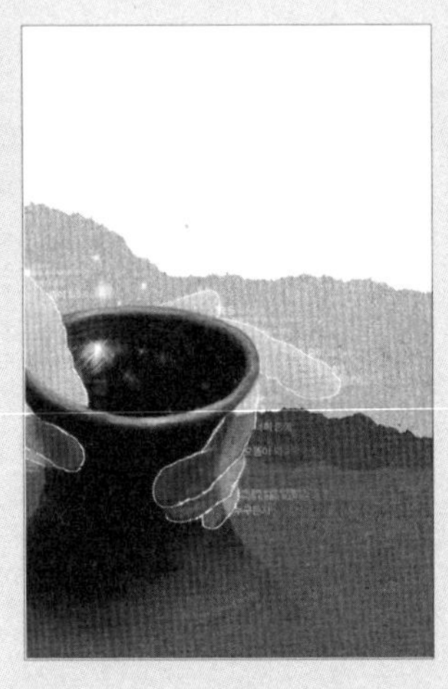

어떤 사람은 생명이 생겼는
데 왜 성장을 하지 않나? 생
명은 생겼는데 질병이 있기
때문입니다. 질병이 있으
면 성장을 잘 못 합니다. 그
병을 고쳐야 성장을 하는데, 병이 있다고 인정하지
않고, 치료를 하지 않으면 그 사람은 영적으로 성
장하기 어렵습니다.
그 병이 무엇인가요? 우리 속에 오래된 어떤 죄
의 습관입니다.

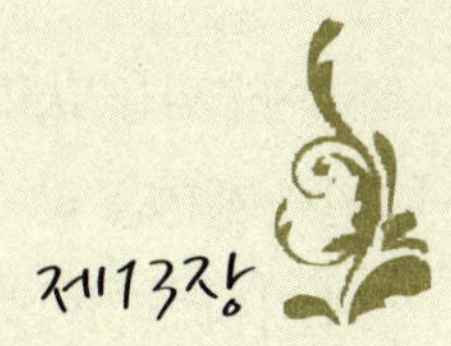

영적성장, 인격적 성장

성장하기 위해서는 생명이 있어야 합니다. 예수 그리스도가 나의 구주임을 믿고 하나님이 주시는 영원한 생명을 나의 것으로 받아들일 때부터 영적인 성장이 나타납니다.

그런데 영적인 성장이 잘 안 나타는 때는 대개 세 가지의 이유가 있습니다. 교회를 오래 다녔는데 왜 영적인, 인격적인 삶의 성장은 없고 관록만 늘어날까요?

영적 성장, 인격적 성장이 없는 이유

첫째 이유는 영적으로 태어나지 않아서 영적인 생명이 없기 때문입니다.

예수님을 믿고 고백하면 영적인 생명이 그 속에 들어와서 하나님이 영원한 생명을 넣어 주십니다. 그러면 생명이 생기는데, 중요한 것은 교회에 다니는 것이 거듭나는 것은 아니라는 것입니다. 교회에 다니는 것과 거듭나는 것은 다릅니다.

영적으로 거듭나서 하나님의 성품이 생겨야 하는데, 교회만 꾸준히 다니면 교회에 대해서는 다 아는데 그 안에 영적인 생명이 없을 수도 있습니다.

교회는 다 아는데 오직 한 가지만 자신이 없습니다. 그것은 구원의 확신입니다.

영원한 하늘의 생명은 하나님께서 거저 주시는 것이지 나에게 대가로 주시는 것이 아닙니다. 교회에 잘 다닌다고 그 대가로 구원을 주시는 것이 아닙니다.

하나님이 사랑이시기 때문에 그분은 영원히 우리를 사랑하십니다. 예레미야서 31장 3절은 "내가 영원한 사랑으로 너를 사랑하기에 인자함으로 너를 이끌었다 하였노라"고 하십니다.

'내가 부족한 데도 하나님이 나를 영원히 사랑하신다.' 그것이 복음입니다. 이 복음을 깨달은 사람은 예수를 믿게 됩니다. 우리가 구원 받는 것은 예수님 때문에 그렇게 된 것입니다. 예수님이 내 죄를 덮어 주셨고 예수님의 십자가가 하나님의 사랑의 증거입니다.

예수를 구주로 고백하면 그 순간 우리 속에 영원한 생명이 나타납니다. 하나님께서 우리 속에 영원한 생명을 넣어 주시고 예수님 오시고 성령님이 임하십니다.

성장하려면 이런 영적 생명이 있어야 하는데 생명이 없으니까 성장을 하지 못하는 겁니다.

내 속에 갈등이 많은가요? 구원의 문제, 영생의 문제가 해결되지 않으면 거기서 갈등이 있고 성장이 일어나지 않습니다. 영적 생명을 받아서 다시 태어나 하나님의 성품에 참여하지 않은 상태에서 영적 생명 없이 교회 생활을 하니까 힘든 겁니다.

세상에 나가서 세상을 따라하면 죄의식이 있고, 교회 가서 설교 듣고 예배드리려면 목사님이 회개하라고 하고, 죄를 지적하면 불편하고, 들어가도 나와도 편하지 않습니다. 그것은 내 안에 영적인 생명이 없어서 그렇습니다.

예수님이 어떤 분이고 나를 위해서 무엇을 하셨고 어떻게 사랑하는지를 깨달아서 구원 받으면 내 속에 영원한 생명이 생깁니다. 예수를 구주로 믿고 고백함으로 하나님이 나를 사랑하신다는 것을 누리시기를 바랍니다. 그때부터는 생명이 생겼다는 증거입니다.

영적인 생명이 없는 사람은 성장이 없습니다. 교회에 다니는 습관은 있습니다. 그러나 기쁨과 영원한 평화와 영원한 소망이 없고 늘 불안한 마음과 두려움 속에서 교회생활을 합니다.

그래서 그 사람이 영적으로 발전을 할 수가 없습니다. 교회 활동에는 참여를 하지만 내적으로는 성장이 없습니다.

어떤 사람은 생명이 생겼는데 왜 성장을 하지 않나? 생명은 생겼는데 질병이 있기 때문입니다. 질병이 있으면 성장을 잘 못 합니다. 그 병을 고쳐야 성장을 하는데, 병이 있다고 인정하지 않고, 치료를 하지 않으면 그 사람은 영적으로 성장하기 어렵습니다.

그 병이 무엇인가요? 우리 속에 오래된 어떤 죄의 습관입니다.

인격적 성장이 없는 두 번째 이유는 해결되지 못한 오래된 죄의 습관이 하나님과 나 사이를 가로막기 때문입니다.

내 속에 오래 고민한 숨은 죄가 있고, 하나님 앞에 완전히 내려놓지 않은 죄가 있습니까? 우리 힘으로 안 될 때는 하나님께 기도로 도움을 청해야 문제가 해결됩니다. 인간의 노력으로는 영적인 변화가 나타나지 않습니다.

영적으로 성숙해지는 성화는 성령의 역사입니다. 자기 노력으로 너무 애쓰면 자기가 하는 겁니다. 오히려 나를 다 내려놓으면 내가 못하니까 우리안의 모든 문제를 하나님께서 성령을 통해서 우리의 문제를 해결해 주십니다.

어떤 영적인 문제나 육적인 문제나 죄의 문제, 나쁜 습관이 있으면 내려 놓아야 합니다.

십 년 전에 어떤 한 분이 신앙이 제대로 들어갔는데 입이 잘 조절이 안된다고 했습니다. 예수를 믿긴 믿는데, 저를 찾아와서 하시는 말이 "입을 조절하는 문제가 잘 안 고쳐진다"고 하길래 같이 기도했습니다. "이분이 입술 때문에 문제가 되니까 성령님께서 해결해 주시옵소서." 그 후에 성령님의 도우심으로 이분의 나쁜 버릇이 없어졌다고 합니다. 나를 계속 괴롭히고 하나님 앞에서 죄의식을 일으키는 어떤 숨겨진 죄가 있으면 영적으로 성장할 수 없습니다. 왜냐하면 병들어 있기 때문입니다.

우리에게 질병이 있으면 질병을 고치시는 분은 성령님이십니다. 그 질병을 솔직히 내려놓으면, 우리의 잘못된 습관들을 하나님 앞에 내려놓으면 하나님께서 고치십니다. 이러면 신앙이 성장하는 겁니다.

세 번째 이유는, 영적으로 태어나긴 했어도 단계적 성장의 경험이 없기 때문입니다.

아이가 자라나듯이 단계적으로 성장해야 되는데, 그렇지 않으면 문제가 됩니다. 예전에는 교회 가는 것이 예수 믿는 거라고 생각했던 시절이 있었습니다. 영적으로 거듭 태어났는지 알아보지 않고, 복음도 제시해 주시 않고, 교회 열심히 나오면 신앙생활 잘한다고 했습니다.

그러나 교회 열심히 다니고 교회일 잘 한다고 예수 잘 믿는다고 할 수 없습니다. 예수 잘 믿고 성숙하고 좋은 인격을 가진 사람들은 균형이 있습니다. 신앙적인 인격이 있습니다.

예수를 믿을 때는 차곡차곡 믿어야 됩니다. 단계적으로 성장해야 합니다.

제가 미국에 있을 때 쇼핑몰에서 매니저를 하고 있을 때입니다. 어떤 나이 드신 백인 한분이 오시더니 "당신 기독교인이냐?" 물었습니다. 그래서 "예" 대답했더니, "Are you a born again christian?"(거듭난 크리스천이냐?)고 다시 물었습니다. 그래서 "예" 했더니 '할렐루야!" 찬양을 하는 겁니다.

이 질문을 하는 사람은 새 생명이 어디서부터 시작되는 줄 아는 겁니다. 그래서 거듭났느냐고 꼭 확인을 하는 것입니다.

하나님이 주시는 하나님의 생명을 받아들이는 데서부터 신앙은 시작합니다. 그리고 성경 읽는 것, 기도하는 것을 통해 신앙은 성장합니다. 기도할 때 찬양하고, 감사하고, 죄를 고백하고, 간구하고, 남을 위해서 중보기도도 합니다.

성경 읽는 방법을 배워서 어떻게 읽고, 이해하고, 관찰하고, 해석하고,

적용하는 것인지를 차곡차곡 배웁니다. 예배드리는 것도 예배를 어떻게 드리는 것인지, 예배는 무엇인지 찬양을 어떻게 하는 것인지, 찬양의 의미는 무엇이고 왜 하는지, 그리고 우리가 하나님과 교회와 이웃을 위해서 하나님이 우리에게 주신 것을 어떻게 드리면서 섬기면서 쓰는지 이런 것들을 단계적으로 배웁니다.

간증은 어떻게 하는지, 예수님을 어떻게 믿고 거듭났고, 구원 받았는지 또 내가 성경을 읽고 무슨 은혜를 받았는지, 기도해서 어떤 응답이 나타났는지, 어떻게 섬기는지, 전도했는지를 단계적으로 훈련을 받아서 정상적으로 성장의 패턴을 만들어 놓고 그것을 통해서 계속해서 꾸준히 영적으로 성장할 수 있도록 하는 겁니다. 단계적인 신앙 성장의 훈련을 받아야 한다는 것입니다.

미국 살면서 미국의 크리스천들을 보니까 우리 한국 사람들은 열정적인데 그 사람들은 차분했습니다. 왜 그런가 했더니 차곡차곡 단계적으로 성장한 까닭이었습니다. 단계적으로 성장해서 원만하고, 원숙하게 성장해서 예수 그리스도가 하나의 인격이 된 것입니다. 예수가 그 분들의 인격이 된 것입니다.

그래서 거듭나지 않은 사람들에게는 복음을 가르쳐서 거듭나게 해주고, 병든 사람들은 병을 치료해서 고쳐주고, 정상적으로 성장의 과정을 거치지 않은 사람에게는 처음부터 시작해서라도 단계적으로 신앙생활의 방법을 가르쳐야 제대로 성장을 합니다.

영적 성장은 예수님의 모습을 닮아가는 것이다

성장이란 궁극적으로 예수님의 모습을 닮는 것입니다.

로마서 8장 29절에 "하나님이 미리 아신 자들로 또한 그 아들의 형상을 본받게 하기 위하여 미리 정하셨으니"라고 하셨습니다.

하나님은 영원 전에 우리를 사랑하시고 우리에게 예정한 것이 있습니다. 무엇을 예정했느냐 하면, 우리가 예수님을 믿고 변화해서 점차적으로 성장하고 우리의 인격이 변해서 하나님의 아들의 형상을 본받게 하기 위해서 부르셨다고 하셨습니다.

그래서 우리가 예수님을 영접하면, 예수님을 믿고, 예수님을 알고, 말씀을 읽고, 말씀대로 순종하고 그러면서 언제나 예수님이 우리의 모델이 되는 것입니다.

저는 결혼식 주례를 할 때 남자들에게 말합니다.

"남편은 예수님을 상징합니다. 교회인 아내를 목숨을 걸고 사랑하라고 했는데 내가 어떤 남편, 남자가 되어야 하는지 걱정할 필요가 없습니다. 왜냐하면 예수님이 모델이시기 때문입니다."

늘 예수님을 생각하고, 예수님에 대해 읽어보고, 예수님처럼 생각하고 행동하고, 계속 예수님을 닮아가는 것이 우리가 구원 받은 궁극적인 목적입니다. 사도 바울도 확실하게 이야기했습니다.

에베소서 4장 13절, "그리스도의 장성한 분량이 충만한 데까지 이르리니." 간단히 말하면 예수님으로 꽉 채우라는 말입니다.

다윗은 시편 23편 1장에서 "여호와는 나의 목자시니 내게 부족함이 없으리로다"고 찬양했습니다. 저 같으면 "내 목자는 여호와시니" 그랬을 텐데 다윗은 언제나 여호와가 먼저였습니다. 다윗의 마음에 여호와 하나님으로 가득 차 있었기 때문에 하나님께서 다윗을 보고 "내 마음에 합한 자"라고 칭찬하셨습니다.

그것처럼 예수 믿는 우리도 예수님으로 가득 차서 사람들이 여러분을 쳐다보면 예수 냄새가 나거나, 예수의 그림자가 보이는 것이 우리의 성장의 마지막 목표입니다. 늘 예수님을 닮아가는 것, 그것이 우리의 신앙의 목표입니다.

그러기 위해서는 예수님을 많이 생각해야 합니다.

어떤 며느리가 시어머니를 모시고 살면서 늘 '나는 우리 시어머니처럼 안 되겠어' 하면서 살았다고 합니다. 그런데 나중에 나이가 들어 며느리를 맞으면서 보고 느낀 것이 자기가 꼭 그 시어머니처럼 되었더라는 고백을 했습니다. 늘 시어머니만 생각하면서 살다가 시어머니처럼 되어 버린 것입니다.

우리가 예수님을 늘 생각하고, 자나 깨나 그 한분을 사랑하고, 그분을 묵상하고, 생각하고, 본받고, 꾸준히 신앙생활 하면 예수님 닮아갑니다. 그것이 성숙한 인격입니다.

전 세계의 인구 1/3인 22억의 사람들이 예수님을 믿고 있습니다. 아무리 찾아봐도 그것은 예수님보다 귀하고 훌륭한 분이 없기 때문입니다.

영적 성장과 인격적 자질

어린아이들이 앞으로 잘 되려면 모델, 멘토가 좋아야 합니다. 늘 생각하면서 내가 제일 존경하는 분이 예수님이라는 것을 쓰도록 해야 합니다.

훈련을 꾸준히 하면서 궁극적으로 나는 예수님을 닮아가고 싶으면 "예수님 나를 예수님 닮도록 말과 행동에서 나도 모르게 우리의 모습에서 예수님의 모습이 풍기게 하옵소서" 기도해야 합니다.

그렇게 꾸준히 신앙생활을 하면 세 가지 인격적 자질이 나타납니다.

첫 번째 믿음입니다. 믿음이 있으니 두 번째로는 소망이 있습니다. 그리고 마지막 세 번째 로는 사랑이 있습니다.

고린도전서 13장 13절에 "믿음과 소망과 사랑 중에 그런즉 믿음, 소망, 사랑 이 세 가지는 항상 있을 것인데 그 중의 제일은 사랑이라"고 하신 그 신앙의 인격적 자질을 늘 보게 되는 것입니다.

여기에 예수 그리스도를 닮은 성숙한 신앙인의 모습 세 가지가 믿음, 소망, 사랑이 나타납니다. 이 세 가지가 보이면 그 사람을 보면 호감이 갑니다. 그래서 사도 바울도 "이 세 가지는 항상 있을 것이다'라고 말했습니다.

똑같은 말이 골로새서 1장과, 데살로니가전서 1장에도 나옵니다. 우리가 바라고, 성장하려는 것이 세 가지가 있습니다.

첫째 강력한 믿음, 둘째 밝은 희망, 셋째 뜨거운 사랑. 이 세 가지가 우리가 인격적으로 변화되는 출발이고 일차적 목표입니다.

예수님이 내 안에서 점점 강해지시고, 성령님께서 나를 변화시키시고 이렇게 되면 이 세 가지가 나타납니다. 자신감도 없고 두려움이 있던 사람이 기도하고 말하는 것 보니 자신감이 생기게 됩니다.

첫째는 하나님이 영원히 나를 사랑한다는 자신감이 나타납니다.

하나님이 먼저 나를 사랑하시는 까닭입니다. 하나님의 사랑은 영원한 사랑인 까닭입니다. 하나님이 내 안에 성령님을 보내 주셔서 나를 도와 주시고 내가 무엇을 하든지 하나님이 나를 인도하시고 역사하신다는 자신감이 생겨납니다

둘째는 밝은 희망이 생겨납니다. 희망에 대한 믿음이 생깁니다.

'희망의 하나님이 내 하나님이고, 그 분이 나를 사랑하시고, 나를 인도하시는구나' 하는 것을 아니까 희망이 생기고 믿음이 생깁니다.

구름 저편에는 나를 향하여 환하게 웃고 있는 하나님의 얼굴이 있다는 인내와 희망을 가지고 하나님이 나타난다는 기대를 가지고 기다리는 것입니다.

믿음이 있는 사람은 희망이 있습니다. 희망이 있고 자신감이 있고 편안해집니다.

세 번째로는 사랑이 생겨납니다.

사랑은 받아본 경험이 있어야 줄 수 있습니다. 사랑한 경험이 없으면 사랑이 잘 안 됩니다. 책망만 받고 살아온 사람들은 사랑이 잘 안 됩니다. 누가 나를 사랑해주면 오히려 부끄럽고 부담스러워 합니다.

그러나 우리는 영원하시고, 무한하시고, 변함없으신 하나님의 그 사랑을 받은 사람들입니다. 날마다 그 사랑을 늘 누리며 사는 사람들입니다.

하나님과 나 사이에서 끊이지 않는 사랑의 체험을 매일 매일 하시길 바랍니다. 하나님께 감사하고, 늘 사랑의 고백을 하고, 주님의 사랑의 음성을 들으면서, 이 사랑을 체험하면 가슴속에 하나님의 사랑이 가득 차

면 저절로 그 사랑이 얼굴과 입술 모습에서 나타납니다.

그 사랑이 흘러서 다른 사람에게 갑니다.

그래서 우리가 성장의 기본적 목표는 우선적으로 믿음, 소망, 사랑 이 세 가지는 항상 있을 것인데 그중에도 제일은 사랑입니다. 그것을 목표로 삼으면 되는 겁니다.

믿음, 소망, 사랑 이 세 가지를 놓고 하나님 앞에 기도하면 그 은총이 나타납니다. 언제나 가장 좋은 것으로 우리에게 주시는 하나님께서 믿음, 소망, 사랑 세 가지의 성령의 열매, 신앙 인격의 열매를 우리에게 주십니다.

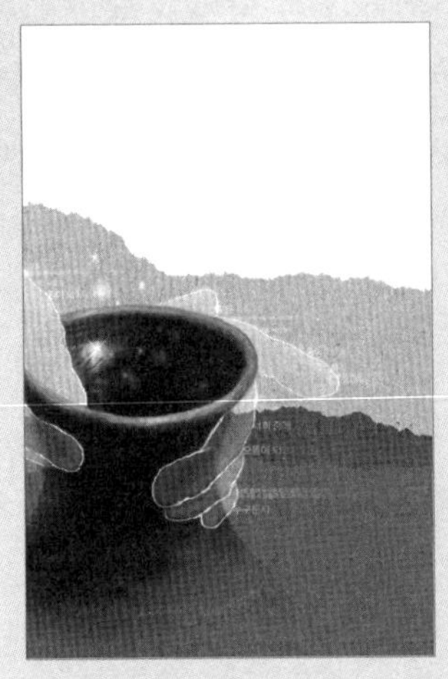

성장의 궁극적인 목표는
예수 그리스도를 닮는 것
입니다.
우리의 성장의 최종 목표인
예수 그리스도를 닮아가는
도중에 나타나는 현상 가운데 특별히 세 가지가
있습니다. 그 첫째는 믿음이요, 둘째는 소망이요,
셋째는 사랑입니다. 이 세 가지는 항상 있어야 되
는 것입니다.

제14장

성령의 열매

성령의 열매로 나타나는 세 가지 인격적 특징

성장의 궁극적인 목표는 예수 그리스도를 닮는 것입니다.

우리의 성장의 최종 목표인 예수 그리스도를 닮아가는 도중에 나타나는 현상 가운데 특별히 세 가지가 있습니다. 그 첫째는 믿음이요, 둘째는 소망이요, 셋째는 사랑입니다. 고린도전서, 골로새서, 데살로니가서에서 모두 같은 말씀을 기록하고 있습니다.

이 세 가지는 항상 있어야 되는 것입니다. 예수 믿으며 변화하고 성장하면서 있어야 할 것 가운데 세 가지는 항상 가지고 있어야 합니다.

믿음은 언제나 첫째입니다.

기독교인의 특징은 믿음입니다. 예수 믿는 사람을 표시하는 단어는 믿음입니다. '믿음'이란 단어 속에는 '신실함'이라는 뜻도 들어 있습니다.

믿음이란 단어는 '피스티스'라는 단어인데 여러 가지 의미가 있습니다.

첫 번째, 신앙고백의 의미입니다. 사도신경 같은 것을 믿음이라고 부릅니다.

두 번째는, 구원에 대한 확신입니다.

세 번째, 산을 옮길 수 있는 믿음, 기적을 일으키는 그런 믿음입니다.

네 번째, 신실함, 충성스러움… 이런 것들이 믿음이라는 단어 속에 들어가 있습니다.

우리의 믿음에는 내용이 있고, 확신, 자신감이 있습니다. 그래서 우리 능력 이상의 일들이 일어납니다. 믿는 대로 되니까 예수 믿는 사람들은 무슨 일을 해도 성실하고, 변함없이 신실합니다.

우리 속에 이런 것들이 있는지 점검할 필요가 있습니다. 점검해보고 부족한 것이 있을 때는 자기가 노력하면 안 되고 성령님에게 이 부분을 도와달라고 기도하고, 간구하는 것이 필요합니다. 그러면 하나님께서 성령을 통해서 하나씩 바꾸어 주시고 우리에게 좋은 영적인 자질들을 주십니다.

둘째는 소망입니다.

믿음이 있으니까 희망이 있고, 밝은 미래가 있습니다. 걱정이 없습니다. 하나님이 주관하시고, 통제하시고, 다스리시니 영원한 하나님의 자녀인 내 인생의 책임자는 하나님이십니다.

그래서 우리는 어린아이처럼 하나님을 믿고 신뢰할 수 있습니다. 그래서 희망이 있습니다.

그러나 가장 위대한 것은 세 번째인, 사랑입니다.

그래서 성경에서도 "그 중에 제일은 사랑이라"고 분명히 말씀하고 있습니다. 사랑이 이렇게 중요합니다. 우리 마음속에 인생의 목표가 있어야 하는데 예수님을 닮는 길은 사랑의 길입니다. 그것이 교회 직분자 되는 것보다 더 중요합니다. 사랑의 사람이 되는 것이 유명해지는 것보다 더 중요합니다.

한번은 CTS에서 인터뷰를 하는데 "목사님은 앞으로 어떤 목사님으로 알려지기를 원하십니까?"라고 물었습니다. 그래서 망설임 없이 "저는 사랑의 사람으로 알려지면 좋겠습니다"라고 대답했습니다.

왜? 늘 내 마음속에 품어왔던 소망이기 때문입니다. 유명해지는 것, 학식이 많은 것, 이 땅에서 지혜 높은 것, 아무 소용이 없습니다. 제가 그런 사람이 되었다고 하나님 나라에서 하나님이 저를 볼 때 "너 대단하구나" 그러시겠어요? 아닙니다.

그러나 하나님이 사랑이시라 제가 만약 그 사랑의 하나님처럼 닮았다면 하나님께서 "너 대단하다, 고맙다" 그럴 것 아닙니까? 저는 하나님께 칭찬받는 사람이 되고 싶습니다. 그리고 하나님께 칭찬받는 길은 제가 사랑의 사람이 되는 길뿐입니다.

중요한 것을 우리의 삶의 중요한 목표로, 신앙생활의 최고의 목표로 정해 놓아야 합니다.

여러분도 사랑을 인생 최고의 목표로 삼으시길 바랍니다.

성령의 50가지 열매들

이렇게 우리가 예수 그리스도를 닮아감으로, 믿음이 없던 사람이 자신감이 생기고, 우울하고 염려하던 사람이 희망적으로 변하고, 남을 싫어했던 사람이 다른 사람을 사랑하고… 이렇게 사람이 변하면 얼마나 감사하겠습니까?

우리가 예수님을 영접하면 변하는 것은 믿음, 소망, 사랑 이 세 가지였는데, 갈라디아서 5장에는 아홉 가지 성령의 열매가 있다고 말씀하고 있습니다. 믿음, 소망, 사랑 이 세 가지는 언제나 있고 나머지 여섯 가지는 필요할 때마다 나타나는 것입니다.

갈라디아서 5장 22절 "오직 성령의 열매는 사랑과 희락과" 희락을 이야기하고 있습니다. 희락은 기쁨입니다.

예수를 잘 믿고 신앙훈련을 잘하면 생각이 똑바로 되고, 느낌이 좋아지고 언어가 좋아집니다. 그래서 그 사람 속에는 기쁨과 즐거움이 있습니다. 믿음이 성장하면 생각, 말, 태도, 관계, 행동, 좋은 습관들이 변화됩니다. 무슨 일이 있어도 감사하는 습관이 생깁니다.

얼마 전 제가 30대 여 집사님 병원 심방을 갔습니다. 30대의 젊은 분이 교통사고로 다리를 다쳐 걷지를 못 했습니다. 그런데 제가 병실에 들어가자마자 그 집사님이 웃으면서, "목사님 감사해요. 병원에서 교만하고 잘못된 것을 회개하고 나니까 너무 기뻐요."라고 하시는 겁니다. 다리를 다쳐 걷지를 못하고 병원에 누워 있는데 기쁘다고 하십니다. 그 순간, 저는 '아, 이 집사님은 반드시 일어난다'는 확신이 들었습니다. 하나님이 그런 분을 안 고쳐주면 누굴 고쳐주시겠습니까?

그래서 그분을 붙잡고 제가 간절하게 기도했습니다.

"하나님 이 분은 반드시 고쳐주셔야 합니다. 일으켜 세워 주시옵소서!"

기쁨은 상황에 달린 것이 아닙니다. 기쁨은 기본적인 자질입니다. 기쁨은 조건이 아니고, 기쁨은 습관입니다. 어떻게 훈련하느냐에 따라서 감사하며 살 수도 있고, 기뻐하며 살 수도 있고, 믿으며 살 수도 있습니다. 훈련은 우리에게 달려 있습니다. 습관은 우리에게 달려 있습니다.

습관이 무엇입니까? 습관이라는 것은 반복해서 하나의 체질화가 되어서 본능적으로 행동을 하는 것입니다. 우리 예수 믿는 사람은 기쁨으로 살아가는 습관을 길러야 합니다.

계속해서 갈라디아서 5장 22, 23절 성령의 열매를 살펴보겠습니다.

"오직 성령의 열매는 사랑과 희락과 화평과 오래 참음과 자비와 양선과 충성과 온유와 절제니 이 같은 것을 금지할 법이 없느니라."

성령의 첫 열매는 사랑입니다.

성경은 성령의 열매인 사랑을 어떻게 표현하고 있습니까? 고린도전서 13장 4절에서는 "사랑은 오래 참고 사랑은 온유하며 시기하지 아니하며 사랑은 자랑하지 아니하며 교만하지 아니하며"라고 말씀하고 있습니다.

고린도전서 13장 7절에는 "모든 것을 참으며 모든 것을 믿으며 모든 것을 바라며 모든 것을 견디느니라"고도 합니다. 사랑은 온유하고 시기하지 않는 것이지만, 사랑의 특징 중에는 참는 것도 있습니다. 이런 것들이 영적인, 인격의 열매로 나타나는 겁니다.

사랑의 표현 가운데 고린도전서 13장에 보면 다른 것은 전부 한 번씩 그 특징이 나옵니다.

그런데 참는 것만은 세 번이나 나옵니다. 시작이 참는 것입니다.

"사랑은 오래 참고."

오래 참는다는 말이 영어 성경에 번역이 잘 되어 있습니다.

"Love is long suffering."

고난을 오랫동안 견뎌낼 수 있는 것이 인내입니다. 이 인내가 사랑의 첫째입니다.

고린도전서 13장 7절에는 사랑은 "모든 것을 참으며" 맨 마지막에 가서 "사랑은 모든 것을 견디느니라"고 말씀하고 있습니다.

한번만 참아도 사랑입니다. 사랑은 느낌이 아니라 행동입니다. 이런 소중한 사랑의 교훈이 하나님의 말씀 아니면 어디서 나오겠습니까?

사랑 속에 있는 인내, 성령의 열매 속에 있는 인내… 중요합니다.

그래서 우리는 우리 스스로의 인내의 한계에 다다르면 성령님께 인내를 구해야 합니다. 참는 것은 성령께서 인내를 열매로 주실 때 되는 것입니다. 인간의 한계를 넘어설 때마다 도움을 받으라고 성령님을 내 안에 임재하게 하신 것입니다.

우리 모두가 도움이 필요한 존재이기 때문에 내 한계에 넘어설 때 반드시 성령님의 도움을 받으십시오. 그래야 그때 성령의 열매가 나타나는 것입니다.

"자비와 양선과 충성과 온유와 절제니 이 같은 것을 금지할 법이 없느니라."

절제도 성령의 열매이기 때문에 성령님께 도움을 청해야 합니다. '성령의 열매는 네 스스로가 만들어내는 것이 아니라 성령이 가지고 계신 것이다. 내 안에 계신 성령님께 아홉 가지 열매가 있으니 필요할 때 마다 청하라 그러면 그때마다 주실 것이다.'라고 갈라디아서 5장 22,23절은 우리에게 말씀하고 있습니다.

말 때문에 고민인 사람에게는 말의 내용을 비판에서 칭찬으로 바꾸고 축복으로 바꾸면 됩니다. 그래서 기도하면 됩니다. "주님, 축복의 말 생명의 언어로 바꾸어 주옵소서!"

성령의 열매인 절제는 내 것이 아니고 성령님의 것이니 나는 필요할 때마다 요청만 하면 됩니다. 절제는 성령의 열매입니다.

성령의 열매인 믿음, 소망, 사랑의 인격을 가지기 위해 열심히 노력을 했습니다. 그런데도 잘 안 됩니다. 습관을 들이고 훈련을 하지만 우리 인간의 노력으로는 한계가 있습니다. 낙심이 됩니다.

그런데 우리가 이렇게 낙심할 때 성경은 말씀하십니다. '성령의 열매는 네 열매가 아니라 성령의 열매다. 네 스스로가 만들어 낸 열매가 아니다.' 그래서 이 말씀에 우리가 위로를 받습니다. 그래서 성령의 열매인 믿음, 소망, 사랑의 사람이 되기 위해 성령님께 간구합니다.

그래서 맨처음 믿음 생활을 시작할 때 믿음, 소망, 사랑 이 세 가지의 인격을 위해 기도하다가, 성령님의 도우심으로 믿음이 자라고, 소망이 생기고, 사랑의 사람으로 변화하기 시작하면 이제 갈라디아서에 나오는 성령의 아홉 가지 열매를 위해 기도합니다. 우리의 삶에 성령의 열매가 더욱 풍성해집니다. 우리가 잘 나서, 우리 힘으로 하는 것이 아니라 성령께서 하시는 것이니 안심이 됩니다.

그런데 성령의 열매가 갈라디아서에서 말씀하시는 아홉 가지인 줄 알았는데 성경을 조사하니 성령의 열매는 모두 쉰 가지가 넘습니다.

골로새서 3장 12절에 보면 "그러므로 너희는 하나님이 택하사 거룩하고 사랑받는 자처럼 긍휼과 자비와 겸손과 온유와 오래 참음의 옷을 입고"라고 기록하고 있습니다. 이외에도, 베드로후서 1장, 고린도전서 13장, 마태복음 5장부터 7장까지 성령의 열매가 나오는데 모두 조사해 보면 50가지입니다. 성령의 열매, 아름다운 인격적 자질이 50가지나 됩니다.

그래서 이 성령의 열매 50가지 중에 우리가 몇 가지나 가지고 있나 세어보다 보면 인간이라면 누구나 낙담하게 됩니다. 우리 중 어느 누구도 이 50가지 성령의 열매를 모두 가진 완벽한 사람은 없기 때문입니다.

그러나 낙심하지 마십시오. 성령의 열매 아홉 가지가 우리가 구한다고 구해지는 것이 아니라 성령의 선물로 주어지는 것처럼, 나머지 성령의 열매 50가지도 내가 만들어 내는 것이 아니라 성령님께서 주시는 것입니다. 성령의 열매는 내가 필요할 때마다 성령님께 구하는 것입니다.

마태복음 5장 4절 "애통하는 자는 복이 있나니 그들이 위로를 받을 것임이요" 애통하는 것 마저도 영적인 자질입니다. 성령의 열매, 우리가 구해야 할 인격적인 자질이 백 가지라도 걱정할 것 없습니다. 그 가운데 어느 것이라도 내게 필요한 것이라고 떠오르면 내 속에 계신 성령님께 구하십시오. 간절히 구하면 성령님께서 선물로 주실 것입니다.

제가 미국에 있을 때 어느 목사님이 교인들과 갈등이 있어서 그 목사님을 만나서 얘기를 했습니다. 그 목사님이 정직한 사람이라, 교인들과 갈등이 있으면서 갈등이 없는 척 위선적으로 행동할 수가 없다고 고민을 털어놓았습니다. 그래서 제가 조언을 드렸습니다. 목회를 늘 좋아서 할 수만은 없습니다. 늘 좋은 일만 있으면 좋겠는데, 그렇지 않더라도 하나님이 하라고 하는 것이니까 순종하는 것입니다. 그러면서 저는 그 목사님께, 갈등이 있는 교인들과도 먼저 인사를 하시고 관계 회복을 위해 기도하시라, 성령의 열매를 구하시라고 말씀을 드렸습니다.

우리의 인생이 늘 좋은 일들만 있는 것은 아닙니다. 고통도 있고 고난도 있습니다. 나의 잘못과 나의 허물 때문에 그런 고통이 있기도 하지만, 때로는 나와는 상관없는 고통들이 몰려올 때도 있습니다. 그럴 때 우리는 성령의 열매를 구해야 합니다. 구하면 주십니다. 성령의 열매는 우리가 필요할 때 구하면 하나님께서 주신다고 약속하신 것입니다. 성령의 열매를 구할 때마다 받는 분은 복 있는 사람입니다.

이런 것들을 필요할 때마다 받는 복 있는 사람이 어떠한 사람인가요?

시편 1편3절 "그는 시냇가에 심은 나무가 철을 따라 열매를 맺으며." 중요한 것은 시냇가에 있는 것입니다. 우리의 생명수가 되시는 성령님의 시냇가에 우리의 뿌리를 늘 담궈두는 일입니다. 필요한 때가 되면 이런 영적인 열매들이 잘 구하는 훈련이 되어 있는 것입니다. 성령의 열매는 내가 훈련하는 것이 아니라 필요할 때마다 성령님께 구하고 성령님으로부터 받는 것이기 때문입니다. 그래서 성령님으로부터 이런 성령의 열매를 받아서 성령이 내 삶에 역사하도록, 즉 성령님께 기도하고 간구하는 훈련, 성령님께 나를 맡기는 훈련을 꾸준히 해야 합니다.

훈련을 잘 해서 어떤 종류의 인격적 자질이 필요하던 간에 그때그때마다 성령님의 도움으로 기독교적인 인격, 그리스도의 인격이 삶 속에서 나타나는 삶을 사시길 바랍니다.

우리는 부족하지만 성령님께 날마다 필요할 때마다 구하고 요청하는 이런 습관으로 성령이 내 삶에 역사하는 것을 보면 절제할 수 없는 그 순간에 절제를 하게 됩니다. 참을 수 없는 순간에 참게 됩니다. 겸손해지고 온유해 집니다. 늘 성령님께 구하는 이런 훈련이 평상시에 이뤄지면 하나님께서 여러분을 통해서 영광 받으시고 여러분의 삶도 기쁨을 누리실 것입니다.

성화의 목표는 예수 그리스도입니다

성화의 성장, 변화와 성숙의 마지막 목표는 예수 그리스도를 닮아 가는 것입니다. 닮아가는 그 처음은 믿음, 소망, 사랑입니다. 두 번째는 성령의 아홉 가지 열매입니다. 세 번째는 성령의 50가지 열매입니다. 그런데 이 모든 열매가 내 속에 있는 것이 아니라 내 안에 계신 성령님이 가지고 계셔서 무엇이든지 구하면 반드시 주시는 열매입니다.

요한복음 16장 24절 "구하라 그리하면 받으리니 너희 기쁨이 충만하리라" 이렇게 말씀하시는 성령의 열매를 여러분의 삶 속에서 꾸준히 체험하시길 바랍니다.

우리는 흔히 베드로를 소망의 사도, 요한은 사랑의 사도, 바울은 믿음의 사도라고 합니다. 믿음, 소망, 사랑은 기독교의 근본적인 덕목들이요, 이것들은 내게 있는 것이 아니고 성령님이 내 안에 계셔서 늘 도움을 받아서 구할 수 있는 것들입니다. 그러므로 여러분도 최소한 믿음 소망 사랑 이 세 가지의 열매 또는, 성령의 아홉 가지 열매, 50가지 열매… 무엇이든지 성령님께 구하면서 꾸준히 성장하시길 바랍니다.

예수님을 믿으면 신앙 인격의 균형이 잡힙니다. 제가 어렸을 때 교회

제직회하는 것을 보러 간 적이 있습니다. 그런데 제직회를 하는데 어른들이 싸움을 해서 실망을 했는데, 나중에 보니까 교회에서 총회를 하는데 그곳에서도 싸움을 하더군요. 그래서 제가 많은 실망을 하고 하나님께 기도를 했습니다. 저는 나중에 어른이 되어도 튀지 않는 평범한 사람이 되게 해달라고 기도했습니다. 그래서 나중에 제가 어른이 되어서 보니까, 제가 어린 시절에 기도한 것처럼 지금도 균형 있는 사람이 되기를 원하고 있는 것이 보이더군요

데살로니가전서 5장 23절은 "평강의 하나님이 친히 너희를 온전히 거룩하게 하시고 또 너희의 온 영과 혼과 몸이 우리 주 예수 그리스도께서 강림하실 때에 흠 없게 보전되기를 원하노라"고 말씀하고 있습니다.

지금은 누구에게나 흠이 있습니다. 인간은 완전하지 않습니다. 그래서 흠이 있어도 신앙생활 잘해서 인격을 추구하고 예수님을 따라가려고 하는 동안에 흠들이 하나씩 없어지게 됩니다. 주님의 은혜로 우리가 주님 앞에 온전히 설 수 있는 것입니다. 우리 자신만을 놓고 보면 아무도 이 땅에서 완벽해질 사람이 없습니다.

그러나 성령님의 도우심으로 몸과 혼과 영이 온전해지는 체험을 우리 모두가 하게 되기를, 그리하여 그리스도의 아름다운 인격들이 누려지기를 바랍니다.

이렇게 성령의 열매가 우리 삶 속에 나타나고, 그리스도의 아름다운 인격이 자라나면, 데살로니가전서 5장 16~18절에 말씀하신 "항상 기뻐하라 쉬지 말고 기도하라 범사에 감사하라"는 삶을 살 수 있습니다.

어떻게 그렇게 할 수 있나요? 항상 기뻐하고 항상 감사하면 위선적인 것 같지 않습니까? 그런데 데살로니가전서 말씀을 자세히 살펴보면, 기

쁨과 감사 그 가운데 "쉬지 말고 기도하라"는 말씀이 있습니다. 이것이 비결입니다.

늘 기도하니까 다 이루어집니다. 기쁨과 감사가 있으려면 기도를 자주, 많이 하고 구체적으로 해야 합니다. 그 결과가 기쁨과 감사입니다. 기쁨과 감사는 기도의 열매입니다. 기쁨과 감사가 있으려면 늘 기도해야 합니다.

늘 기도생활 함으로써 하나님이 내 삶에 직접적으로 역사하고 있다는 것을 체험하면서 기쁨과 감사가 넘치게 되기를 바랍니다.

우리가 그리스도의 인격으로, 탁월한 인격으로 변화하려면 첫째, 생명이 있어야 합니다.

예수 그리스도의 생명이 내 안에 있어야 합니다. 예수 믿고 고백하고 영적으로 거듭나서 죄성 밖에 없던 사람이 하나님의 성품을 내 안에 갖고 있어야 합니다. 이 성품은 생명력이 있어서 조금씩 자라납니다.

우리가 정상적으로 신앙훈련을 잘해서 늘 신앙생활이 습관화 되어 있고, 거기서부터 출발하는 우리의 마지막 목표가 예수님 닮는 것입니다. 예수님 닮는 것을 목표로 특별히 세 가지, 아홉 가지, 50가지 성령의 열매들을, 필요할 때마다 성령님께 구해서 우리의 삶이 변화되는 삶의 체험이 여러분과 저의 생애 속에 있게 되기를 기도합니다.

탁월한 인격 성장의 목표는 '섬기는 사람'

이제 말씀을 마무리할 시간입니다. 우리가 구하는 탁월한 인격, 구원

받아서 지속적으로 성장하는 사람이 마지막으로 해야 하는 것은 바로 섬기는 삶입니다.

구원받은 신앙에서 성화의 신앙로 나아가고, 마지막으로 우리가 도달해야 할 신앙은 섬김의 신앙입니다.

하나님께서 왜 우리를 구원해서 우리를 변화시키려 하시겠습니까? 그 이유는 섬기기 위해서입니다. 첫째는 하나님을 섬기고, 둘째는 교회를 섬기고, 셋째는 가족을 섬기고, 넷째는 이웃을 섬기는 것입니다. 섬기는 것은 내가 아니라 다른 사람 잘되게 만들어 주는 것입니다. 내가 아닌 다른 사람을 예수님처럼 떠받드는 것입니다. 다른 사람의 모습 속에서 예수님을 발견하고, 나의 섬김을 통해 다른 사람의 삶 속에 예수님을 심는 일입니다.

내가 예수 믿어서 건강한 사람 되어서, 균형 있는 사람 되어서, 만족하고 행복한 사람 되어야 하는 이유는, 나 때문에 내 가족들이 축복을 받고 그들에게 도움을 주기 위해서입니다. 내 옆에 사는 사람들에게 내가 축복이 되어서 그들을 도와주고, 그들을 행복하게 만들어 주고, 직장사람들을 행복하게 해주고, 교회에서 축복의 근원이 되어서 그 모든 것을 통해서 하나님께 영광을 돌리는 것입니다.

그래서 제대로 섬기기 위해서는 자기 은사를 알아야 됩니다. 가장 잘 섬기는 방법 가운데 하나는 은사를 잘 사용하는 것입니다.

최고의 인격을 가진 사람은 누구입니까? 섬기는 사람입니다. 꾸준히 섬기는 사람이 최고의 인물입니다.

마가복음 10장 44절은 "너희 중에 누구든지 으뜸이 되고자 하는 자는 모든 사람의 종이 되어야 하리라"고 말씀하고 있습니다.

섬기는 사람은 어디든 있을 수 있고, 누구든 될 수 있습니다. 우리는 예수 믿고 성화 되어서 어디에서든 남에게 유익한 사람이 되어야 합니다.

예수님께서는 "내가 섬기는 것처럼 너희도 섬기는 자가 되라"고 말씀하십니다. 우리가 성령의 열매로 탁월한 인격을 가지고, 예수님을 닮아가는 사람이 되어, 다른 사람들의 영혼을 고쳐주고, 잘못된 생각들을 도와주기를 바라시는 것입니다. 언어가 잘못된 사람들에게 복된 언어를 사용하게 만들고, 정서가 평화와 기쁨으로 가득 차게 하고, 대인관계에서는 원수마저도 사랑하기를 원하시는 것입니다. 우리는 할 수 없지만 하나님이 사랑하라고 하시니 사랑하는 것입니다. 행동으로 하는 것이 순종입니다. 우리는 할 수 없어도, 순종하려고 할 때 성령님께서는 우리에게 필요한 은사들을 선물로 주십니다.

이렇게 우리 믿는 사람들의 삶은 원수에게도 축복이 되어야 합니다. 원수에게도 사랑으로 섬기는 사람으로 자라나야 합니다.

우리는 하나님 나라에 가는 마지막, 몸을 움직이지 못하는 그 순간까지도 반드시 축복이 되는 신앙, 섬기는 자의 신앙, 섬기는 인격을 구하고 훈련하고 선물로 받아야 합니다. 구하는 자에게 하나님께서는 주시겠다고 약속하셨습니다.

예수님의 넘치는 사랑과 은혜로 이미 구원 받은 우리가 이제 주님을 더욱 잘 알고 잘 성장해서, 마지막에는 좋은 성품과 좋은 말과 태도, 탁월한 인격을 가지고 예수님을 닮은 사람으로 자라나기를 기원합니다. 그래서 우리 안에서 성령의 열매, 예수님의 인격이 자연스럽게 나타나서 가는 곳마다 축복을 주는 사람이 되기를 바랍니다. 내 가정, 내 교회, 내 이웃, 내 직장에 축복이 되고, 이 나라와 이 세계에 반드시 축복이 되어서 사는 이런 아름다운 인격을 위해서 기도하시길 바랍니다.

탁월한 인격을 구하는 여러분 모두, 구원받고 성화되어 자신의 은사대로 잘 섬겨 하나님의 축복이 쏟아지는 통로로 귀한 쓰임 받으시기를 예수 그리스도의 이름으로 기도합니다.